AI 대전환 시대,
Who am I

나는
리더

나는 리더

초　판 1쇄 발행 | 2025년 4월 15일
지은이 김기진

펴낸이 김기진 황교석 이재실 최규철 김택수 마은경 이소민 채명석 김대경 최준오
펴낸곳 에릭스토리
편집주간 오순영
디자인 가보경 이소윤
출판등록 2023. 5. 9(제 2023-000026 호)
주　소 서울특별시 금천구 가산디지털1로 171, 318호
전　화 (02)6673-1238
팩　스 (02)6674-1238
이메일 ericstory1238@naver.com(원고 투고)
홈페이지 www.ericstory.net

ISBN 979-11-992246-0-5 (13320)

ⓒ 김기진

• 이 책은 저작권법에 따라 보호받는 저작물이므로 무단 전재 및 무단 복제를 금지합니다. 따라서 이 책 내용의 전부 또는
　일부 내용을 재사용 하시려면 사용하시기 전에 저작권자의 서면 동의를 받아야 합니다.
• 책값은 뒤표지에 있습니다.
• 파본이나 잘못된 책은 구입하신 곳에서 교환해 드립니다.
* 이 책에는 '여기어때 잘난체' '지마켓산스체'글꼴이 적용되어 있습니다.

AI 대전환 시대

나는
리더

WHO AM I

김기진 황교석 이재실 최규철 김택수
마은경 이소민 채명석 김대경 최준오

✕ ERiC Story

추천사

이 책은 인공지능 대전환이라는 문명사적 전환기에 리더십의 본질과 그 미래적 방향성을 심도 있게 탐구하고 있는 책이다. 저자는 기술적 진보에 수동적으로 대응하는 태도를 넘어서, 변화의 동력 속에서 인간 고유의 가치와 역할을 재정의하고 이를 확장해 나가야 할 리더의 사명을 설득력 있게 제시하고 있다. 특히 '위기의 시대가 아닌 재정의의 시기'라는 저자의 문제의식은, 기존 리더십 담론을 전환시키는 데 기여할 수 있는 중요한 관점을 제공하고 있다. 기술과 인간성의 교차점에서 올바른 리더십을 모색하는 모든 연구자와 실천가들에게 일독을 권한다.

이기정_한양대학교 총장

AI 시대에 리더는 어떻게 살아남을 것인가에 대한 명확한 해답을 제시하는 책이다. 기술은 하루가 다르게 진화하고 있으나, 리더십에 대한 담론은 여전히 과거에 머물러 있는 경우가 많은 것이 현실이다. 이 책은 그러한 리더십의 낡은 틀을 과감히 뛰어넘는 통찰을 담고 있는 책이다. 인간의 본질, 감성, 공감, 그리고 의미를 리더십의 중심에 두고, 기술을 어떻게 리더십에 통합할 것인지에 대한 구체적이고 실행 가능한 방향을 제시하고 있다. 이는 단순한 이론서가 아니라, 실천적 지혜가 살아 숨 쉬는 리더십 안내서라 할 수 있다.

이상욱_여주대학교 총장

AI 대전환 시대, 조직의 리더는 무엇을 해야 하는가? 더 근본적으로 어떤 리더가 되어야 하는가? 이에 대해 저자들의 통찰은 매우 놀라운 것이다. 이 책은 우리가 과거 어떤 리더였고, 앞으로 AI 대전환 시대에 어떤 리더가 되어야 하는가에 대한 탁월한 질문을 던지고 있는 책이다. 엄청난 변화가 일어나고 있는 AI 대전환 시대임에도 불구하고, 아직 많은 기업과 리더들의 변화 속도는 느린 편이라는 것이 저자들의 설명이다. 프롤로그에서 제시한 사례는 매우 인상적이다. 자전거를 능숙하게 탈 수 있다는 이유로, 부산에서 서울까지 짐을 나르는데 자전거를 고집하는 회사와 리더라면 그 미래는 어떻게 되겠는가? 이미 세상은 바뀌었는데, 우리는 여전히 과거의 익숙한 방식에 의존하고 있는 것은 아닌지 돌아보게 되는 사례이다.

이 책은 AI 시대 리더십의 기준, AI와 함께하는 조직의 방향, AI 시대에 신뢰받고 탁월한 리더가 되는 방법에 대해 올바른 길을 제시하고 있는 책이다. 이 책이 더 많은 리더들에게 통찰과 실천의 용기를 줄 수 있기를 기대한다.

김영헌_한국HR협회 회장, 한국코치협회 제 9대 회장

『나는 리더』는 사업과 연계하여 맡은 조직의 바람직한 모습, 방향, 전략, 중점과제를 수립하고, 정도경영과 솔선수범의 실행을 통해 타인에게 영향을 주어 성과를 창출하는 사람이라고 정의하고 있다. 시대는 변했다. 이 책에서는 대변혁의 시대에 리더가 어떻게 선도적으로 물적·인적 자원을 공유하고 협업을 이끌며 새로운 가치를 창출하는 중심에 서야 하는가를 명확하게 짚고 있다. 이는 오랜 시간 동안 시대와 리더를 연구해온 필자만이 제시할 수 있는 통찰이라 할 수 있다.

홍석환_홍석환의 HR전략컨설팅 대표

AI 대전환 시대, 더 이상 과거의 경험과 직관만으로는 조직을 이끌 수 없다. 본 저서의 필자들은 급변하는 환경 속에서 리더가 갖춰야 할 새로운 리더십의 기준을, 리더의 정체성을 다양한 측면에서 제시하고 있다. 데이터 기반의 의사결정, AI와의 협업 역량, 그리고 인간 중심의 감성지능과 윤리적 판단이 그 핵심이다. 이 책은 기술과 사람 사이의 균형을 고민하는 모든 리더에게 변화에 휩쓸리지 않고 주도적으로 성장할 수 있는 방향성을 제시하고 있다. 구성원과의 신뢰를 바탕으로 유연하고 민첩한 조직을 만들고자 하는 리더라면 반드시 읽어야 할 실천 지침서이다. AI 시대, "당신은 어떤 리더입니까?" 이 책을 통해 그 답을 찾을 수 있다.

고동록_퀀텀브레인네트워크 대표, 前 현대모비스 인재개발실장

리더십에 정답은 없지만, 시대에 맞는 질문은 분명히 존재하는 시대이다. 『나는 리더』는 AI 시대를 살아가는 리더들이 던져야 할 질문을 깊이 있게 안내하는 책이다. 변화가 빠를수록 리더는 더 본질적인 힘을 키워야 한다는 메시지가 특히 인상적이다. 이 책은 이론이 아니라 현실에서 실천할 수 있는 리더십을 이야기하고 있으며, 스스로에게 '나는 어떤 리더인가'를 묻게 만드는 책이다.

신경수 박사_지속성장연구소장

이 책은 리더십을 단지 역할이나 위치로 정의하지 않는 책이다. 변화의 격류 속에서 '나는 누구인가'를 끊임없이 성찰하고, 타인과의 관계 속에서 의미를 창조하는 존재로서의 리더를 그려내고 있다. 이는 시대가 요구하는 리더의 미래상을 구체적으로 설계해주는 책이라 할 수 있다.

박영서_아비바코리아 팀장

ChatGPT를 어떻게 실용적으로 활용할 수 있는지를 매우 체계적이고 실전적으로 풀어낸 훌륭한 안내서이다. 기획, 분석, 커뮤니케이션 등 고도의 사고와 정보처리가 요구되는 분야에서 ChatGPT는 지식노동의 효율성과 창의성을 획기적으로 끌어올릴 수 있는 파트너이다. 『나는 리더』는 그 가능성을 현실로 전환하는 방법을 명확하게 보여주고 있는 책이다. AI 시대를 살아갈 리더, 실무자, 그리고 전략가들에게 이 책은 단순한 매뉴얼을 넘어서는 경쟁력 강화의 필독서이다.

차문현_세종대 경영대학원 교수, 前 금융기관 CEO

AI 대전환의 시대, 『나는 리더』는 기술의 발전 속에서도 인간 중심 리더십의 본질을 잃지 말아야 한다는 메시지를 전하는 책이다. 저자는 리더란 단순히 변화를 따라가는 사람이 아니라, 그 변화 속에서 방향을 제시하고 사람을 연결하는 존재임을 강조한다. 특히 AI를 활용할 줄 아는 능력보다, 기술을 대하는 태도와 사람에 대한 이해가 더욱 중요하다는 통찰은 지금의 리더들에게 깊은 시사점을 주는 내용이다. 이 책은 리더십을 '어떻게 행사할 것인가'보다 '어떤 사람으로 존재할 것인가'라는 물음으로 끌고 가며, 독자에게 내면의 리더십을 성찰하게 하는 안내서이다. AI와 함께 살아갈 리더라면, 이 책을 통해 자기다움을 다시 정의하고 리더로서의 방향을 고민하는 계기를 얻게 될 것이다.

김상욱_한화에어로스페이스 팀장

잠시도 딴 곳을 보고 있을 수 없을 만큼 지금의 기술 변화 속도는 매우 빠른 시대이다. 안타깝게도 우리의 리더들은 그 속도에 맞추어 변화해 나가는 것이 현실적으로 매우 어려운 상황이다. 이 책은 급변하는 현 상황에서 변화의 흐름에 맞추어 리더들이 무엇을 버리고, 무엇을 새롭게 익혀야 하는지를 실천 중심의 관점에서 풀어내고 있는 책이다. 단지 좋은 리더의 조건을 이야기하는 데 그치지 않고, 실천 가능한 리더십의 방향과 경로를 구체적인 방법론으로 제시하고 있는 점이 이 책의 중요한 특징이다.

김성탁_한국기업교육학회 회장, KMA한국능률협회 경영기획실장

『나는 리더』는 AI 기술의 세부 원리에만 집중하기보다, AI가 가져올 근본적 변화를 리더십과 조직문화 차원에서 어떻게 받아들이고 실천할 수 있는지를 다루고 있는 책이다. 조직을 이끄는 리더는 물론, 팀원 개개인 역시 "우리는 어떻게 이 기회를 활용해 더 나은 미래를 만들 것인가?"라는 질문을 스스로 던지게 된다. 빠르고 작은 실험을 통해 불확실성을 학습으로 전환하는 방법과 사람 중심의 공감 소통으로 구성원을 몰입하게 만드는 방법을 다루어, 함께 설계하는 협업 구조를 통해 혁신 속도를 높이되, 결정과 책임은 스스로 짊어지는 방법을 제시하고 있다. AI 대전환의 시대에, 조직과 함께 달라져야 할 리더를 고민하는 이들에게 이 책은 훌륭한 길잡이가 될 것이다. 속도를 내려 하되 방향을 잃지 않기 위해, 그리고 개인과 조직이 함께 성장하기 위해, 이 책에서 제시하는 인사이트와 실천 팁은 반드시 곱씹어볼 가치가 있는 내용이다.

박지연_JW홀딩스 People&Culture 팀장

『나는 리더』는 인공지능이 촉발한 사회적 변화를 깊이 있게 탐구하며, 미래 사회에서 요구되는 리더십의 핵심을 다룬 책이다. 기술 발전에 대응하는 데 그치지 않고, 인간 중심의 가치와 윤리를 새로운 차원에서 재조명하며, 이러한 가치가 리더십의 근본적인 방향성으로 이어져야 함을 강조한다. 특히 '기술적 변화 속에서 인간다움을 찾는 여정'이라는 저자의 통찰은 기존의 리더십 패러다임을 뛰어넘는 새로운 비전을 제시한다. 인공지능 시대를 이끌어갈 리더들에게 꼭 필요한 전략적 사고와 가치관을 제공하는 이 책은, 그 어떤 시대보다 중요한 리더십의 미래를 고민하는 이들에게 큰 도움이 되는 안내서이다.

김아영_풀무원 팀장

AI 시대, 나는 어떤 리더인가?

김기진

1. AI 시대, 리더십의 위기 – 기존 방식이 더 이상 통하지 않는 이유

리더십의 패러다임이 무너지고 있다

과거 조직 운영의 핵심이었던 전통적 리더십 모델이 급변하는 환경 속에서 도전을 받고 있다. '강한 리더 한 사람이 조직을 이끈다'는 명령-통제형 리더십은 이제 효율성보다 조직의 창의성과 민첩성을 저해하는 요인으로 작용하고 있다. 특히, AI와 디지털 기술의 발전으로 인해 리더가 더 이상 정보를 독점하지 못하고, 데이터 기반 의사결정이 중요해지면서 기존 리더십 방식이 빠르게 무너지고 있다.

필자는 ChatGPT의 'GPTs'를 활용하여, 기업의 직무별 GPTs 챗봇 개발 컨설팅을 진행하고 있다. 강의 진행시에도 모듈별 챗봇을 노코딩으로 개발하여 강의 슬라이드를 즉시 생성하면서 강의를 하고 있다. 정형화된 강의 슬라이드를 띄우고 강의하는 기존의 방식이 아니라, 강의 콘텐츠 자체를 현장에서 실시간으로 생성하면서 강의하는 방식이다. 실시간 콘텐츠 생성에 의한 강의는 사업 전략 수립, 영업 전략과 실행 계획, 직무별 과정 개발, 팀 포트폴리오 작성 등 다양한 분야에 적용하여 강의하고 있다.

실시간 챗봇 응답 방식은 채용에도 적용 가능하다. 기존 방식은 포털사이트나 홈페이지에 채용 공고를 띄우거나, 소개 영상 정도를 올리는 데 그쳤다면 "GPTs 활용 채용 챗봇"은 지원자들이 기업의 전반적 내용이나 채용 직무에 대한 상세한 정보를 실시간으로 파악할 수 있도록 돕는다. 지원자는 채용 챗봇을 통해 기업의 이해도는 물론 입사 후 업무 내용, 필요한 역량 등을 구체적으로 파악할 수 있으며, 기업 입장에서도 차별화된 인재 채용 전략을 실행할 수 있게 된다.

AI 대전환 시대, 무언가 엄청난 변화가 일어나고 있음을 필자는 현장에서 실감하고 있다. 그러나 주변의 많은 기업은 여전히 변화의 속도가 느리다. 자전거를 능숙하게 탈 수 있다는 이유로, 부산에서 서울까지 짐을 나르는 데 자전거를 고집하는 리더는 없다. 트럭을 활용하면 수십 배 더 많은 짐을 더 빠르게 운송할 수 있기 때문이다. 당연한 이야기지만, Gen AI 시대에 일하는 방식에서는 이런 '당연함'이 여전히 자리 잡지 못하고 있다.

과거 10시간 걸리던 코딩이 이제는 30분이면 가능하고, 전략 수립이나 교육 체계 설계, 교육 과정 개발에 수개월이 걸리던 작업들이 몇일만에 완성된다. IT 슈퍼 개발자는 일반 개발자 10명의 몫을 담당할 수 있다고 한다. 이제는 Gen AI를 활용하면서, 30명이 해야할 일을 수행할 수 있게 되었다고 말한다.

이처럼 이미 세상이 바뀌었음에도 우리는 여전히 과거의 방식에 머무르고 있는 것은 아닌가? 리더들은 지금 어떤 방식의 리더십을 발휘하고 있는가? 변화된 시대에 맞게 조직을 이끌고 있는가? 아니면 과거의 교육 방식에 직원들을 몰아넣어 변화의 가능성조차 억누르고 있는가?

필자는 2년 전 KBS 시사기획 '창'에서 'MZ 회사를 떠나다'라는 주제로 패널로 참여한 적이 있다. 당시 필자가 강조한 핵심 메시지는 안타깝게도 방송에서 편집되었다. 그 내용은 입사 6개월 만에 퇴사한 신입사원의 사례였다.

"어느 날 팀장이 다급하게 팀원들을 소집했다. 신입을 포함한 대리, 과장 등 6명이 회의실에 모였다. 1주일 내 프로젝트 보고서를 제출해야 하는 상황이었다. 신입은 아이디어가 있었지만, 경직된 조직문화 속에서 의견을 내기 어려웠고 회의 내내 침묵했다. 결국 다음 날 사표를 제출했다. 신입이 맡으려 했던 보고서는 하루 만에 완성할 수 있는 수준이었다."

성장에 목말라 있던 신입사원은, 경직된 조직문화 속에서 자신의 가능성을 발휘할 기회를 얻기는 쉽지 않을 것으로 판단하여, 결국 퇴사를 결정한 것이다.

이 사례는 지금 AI 시대에 더욱 시사하는 바가 크다. 과거 방식대로 업무를 처리하던 조직이, AI 시대에 어떤 문제를 맞이할 수 있는지를 보여주는 대표적인 장면이다. 과거 수개월이 걸리던 프로젝트를 이제는 하루 만에 끝내는 일들이 생겨나고 있다. 이제 리더는 시대의 속도를 인정하고, 리더십의 방식 자체를 바꿔야 할 시점에 서 있다.

A사는 한때 업계를 주도하며 누구도 넘볼 수 없는 위치에 있었다. 하지만 생성형 AI의 등장과 디지털 전환이 가속화되면서 빠르게 변화하는 시장의 흐름을 놓치기 시작했다. 고객들의 요구가 달라지고 경쟁이 치열해

지는 상황에서도, 회사의 리더십은 변화 대신 과거의 성공 방식을 고집했다. 특히 리더들은 '내가 정답을 알고 있다'는 독선적인 태도로 모든 결정을 독점했다. 그들은 직관과 경험만을 신뢰하며 기존 방식에 집착했다.

직원들의 의견을 듣기보다는 일방적인 지시를 내렸고, 사소한 업무까지 직접 간섭하며 조직을 통제했다. 자연스럽게 직원들은 지시를 기다리는 데 익숙해졌고, AI를 활용한 효율적인 문제 해결이나 창의적인 아이디어는 설 자리를 잃었다. 조직 내에서는 혁신적인 사고가 사라지고, 사내 분위기는 점점 경직되어 갔으며, 활력과 도전 정신은 쇠퇴해갔다.

반면, 경쟁사 B사는 전혀 다른 전략을 펼쳤다. Gen AI생성형 AI를 적극적으로 도입하여 데이터를 기반으로 한 의사결정 체계를 구축하고, 직원들에게 자율성과 권한을 적극적으로 부여했다. ChatGPT를 API로 연결하여 보안을 강화하고, GPT의 활용을 위한 "Gen AI 질문법"을 전직원에게 교육했다. AI가 단순 반복 업무를 처리하는 동안 직원들은 창의적 문제 해결과 전략적 사고에 집중할 수 있도록 환경을 조성에 집중했다.

리더들은 팀원들이 빠르게 변화하는 트렌드를 분석하고 능동적으로 대응하며, 각자의 강점을 살려 혁신적인 아이디어를 만들어 낼 수 있도록 지원했다. 그 결과 조직은 유연하고 민첩하게 움직이며 시장에서의 경쟁력을 갖추어 나갔다. Gen AI에 대한 접근 방식을 통해 조직 문화를 혁신해 나가며, 주도적으로 성과를 창출해 내는 조직으로 혁신한 것이다.

AI 대전환 시대를 맞이한 기업들은 단순한 기술 적용을 넘어, 일하는 방식의 혁신을 본격화하고 있다. 특히 LG전자, 포스코DX, 한화건설은 생성형 AI와 산업 데이터 기반 AI 기술을 통해 업무 효율성과 실행력을 높이며, 조직의 실질적인 역량 전환을 이끌고 있다.

LG전자는 기획·개발 부서 직원들이 IT 전문지식 없이도 데이터를 분석할 수 있도록 Azure OpenAI 기반 생성형 AI 시스템 '찾다CHATDA'를 도입하였다. 이를 통해 평균 5일 걸리던 데이터 분석 시간이 30분 이내로 단축되었으며, 기획자와 엔지니어가 직접 데이터에서 인사이트를 확보하게 되어 업무 속도와 정확성이 크게 향상되었다.

포스코DX는 공장과 산업 현장에서 발생하는 수많은 데이터를 수집하고, 이를 인공지능AI을 통해 실시간으로 분석하고 있다. 이 과정을 통해 단순한 스마트팩토리를 넘어, 공정의 자율화, 무인화, 최적화가 가능한 고도화된 생산 시스템을 구축하고 있는 것이다. 특히 2차전지 소재 산업처럼 빠르게 변화하는 시장에서는, 이러한 AI 기반 체계가 변화에 신속하게 대응하고 전략을 유연하게 수립하는 데 큰 강점을 발휘한다. AI는 단순히 자동화를 넘어, 생산 현장에서의 공정 효율을 높이고, 분석 결과를 실시간으로 반영함으로써 생산성과 품질을 동시에 향상시키는 중요한 역할을 수행하고 있다.

한화건설은 건설 현장의 복잡한 업무를 디지털로 전환하기 위해, 'Hi-Note하이노트'라는 시스템을 도입했다. 이 시스템은 품질관리, 공정 진행 상황, 시공 기록, 기술자료 공유 등 다양한 업무를 하나의 디지털 플랫폼에서 통합적으로 관리할 수 있도록 해준다. 기존에는 종이 서류나 수작업으로 진행되던 업무들이 많았지만, 하이노트를 통해 실시간 데이터 중심의 현장 관리가 가능해졌다. 현장 관리자들은 모바일 기기로 언제든지 현재 상황을 확인하고, 공정별 문제에 빠르게 대응할 수 있다. 이로인해 기록의 정확성과 투명성이 높아지고, 업무 대응 속도 또한 크게 향상되었다.

이들 사례는 공통적으로 AI를 업무 중심에 두고 있으며, 조직의 실행 구조를 보다 민첩하고 자율적으로 변화시키는 특징을 갖는다. 단순한 자동화를 넘어, 기획자와 현장 실무자가 스스로 데이터를 활용해 판단하고 실행하는 '데이터 민주화'가 실제 현장에서 구현되고 있는 것이다.

AI는 이제 전문가의 전유물이 아니다. 조직 구성원 누구나 AI를 통해 더 똑똑하게 일할 수 있어야 하며, 이를 위한 시스템 설계와 업무 프로세스 전환이 필수적이다. 결국, AI를 얼마나 잘 쓰느냐가 아니라, 누가 AI를 일상 업무에서 자연스럽게 활용하고 있느냐가 경쟁력을 좌우하는 시대가 되었다.

AI는 수분 만에 방대한 데이터를 분석하고 최적의 결정을 내린다. 과거 '감각적 통찰'로 여겨졌던 것들이 이제는 AI의 알고리즘에 의해 대체되는 시대가 되었다. 불과 2년전에는 3일이 걸렸던 일들이 이제는 1시간 만에 뚝딱 처리할 수 있는 시대가 되었다. 지금 현재 우리 기업, 우리 조직은 이러한 변화에 적응하고 있는가?

Gen AI생성형 AI 시대에 적응하기 위한 노력으로 기업들은 '보안과 시스템 구축'에 집중하고 있다. 현실은 어떠한가? 정작 직원들의 일하는 방식은 이전과 달라지지 않고 있다. "리더"가 달라지지 않았기 때문이다. Gen AI는 사내 보안에 막혀, 사용조차 할 수 없다. 물론 사무실을 벗어나서 사용할 수도 있다. 하지만, 현실적으로 그정도로 조직에 몰입하고 있는 리더와 직원들은 얼마나 될까?

3일 = 1H

글로벌 기업들은 AI를 활용해 인재를 채용하고 있다. AI는 이력서, 성향 테스트, 면접 영상을 분석하여 최적의 후보 추천이 가능하다. 성과 평가는 AI가 업무 데이터를 기반으로 개개인의 생산성을 측정하는 방식으로 변화하고 있다. "상사의 평가"가 아닌 "실적 데이터"가 더 중요한 시대가 되었다. 시장 트렌드 예측 역시 AI가 인간보다 훨씬 빠르게 분석해 경영진에게 최적의 의사결정을 지원한다. ChatGPT의 'Deep Research' 기능만으로 분야별 최적의 보고서가 완성되는데는 불과 5분이면 된다. 과거 자료 수집, 데이터 분석, 보고서 작성에 수일이 걸리던 업무가 이제는 단 몇 분 만에 결과물을 만들어 낼 수 있다. 3일 동안 걸리던 일을 겨우 1시간 만에 해결할 수 있다면, 조직과 일하는 방식에는 어떠한 변화를 해야 할까? 이제는 신입사원이든, 경력이 있는 선배 사원이든, 이들의 수행 역량의 격차는 그다지 차이가 나지 않는다.

그렇다면 리더는 무엇을 해야 하는가?

리더의 역할 변화
"경험과 직관"만으로는 살아남을 수 없다

기존 리더십은 어떠한가? 과거의 리더십 방식으로 치부하기에는 불과 5년 전, 10년 전의 상황이다.

- "내 경험상 이건 안 될 가능성이 커."
- "우리 업계는 원래 이런 방식으로 운영돼."
- "과거에도 위기가 있었지만, 우리는 이렇게 극복했어."

21세기의 20여년을 경험하고, 생성형 AI 시대에 접어든지 2년에 불과하다. 적응하기에는 변화 속도가 너무 빠르다. 그럼에도 우리는 지금의 변화된 상황에 적응해야만 한다. 성공을 이끌어 왔던 2년 전의 사고 방식과 의사결정 방식은 이제 위험을 초래하고 있는 방식으로 전락하고 있다. 과거의 경험, 그것도 불과 2년 전의 경험은 이제 더 이상 현재의 상황에 적합하지 않기 때문이다.

기존 리더 vs. AI 시대 리더 비교

기존 리더	AI 시대 리더
경험과 직관에 의존	데이터 기반 의사결정
위계적 조직 운영	유연한 조직 문화 구축
권위적 의사결정	AI와 협업하여 최적의 판단
장기 근속과 경력 중시	끊임없는 학습과 성장

더 놀라운 사실!

AI는 리더보다 더 나은 판단을 내릴 수 있다. AI는 실적과 성향을 분석해 직원의 이탈 가능성을 예측한다. 리더가 "저 직원이 요즘 의욕이 없네"라고 감으로 판단하는 동안, AI는 이미 데이터를 기반으로 예측 결과를 내놓고 있다. 과거에는 "부장이 추천하는 사람"이 승진했다면, 이제는 "AI가 추천하는 인재"가 승진하는 시대에 접어들고 있다.

"AI가 다 하면, 리더는 무엇을 해야 할까?"

리더가 AI보다 나은 점은 단 하나는 바로, "인간다움"이다. 직원들의 사기를 북돋우고, 조직의 방향성을 설정하며, 고객과 공감하고 신뢰를 쌓고, 위기 상황에서 윤리적 결정을 내리는 역할은 여전히 인간 리더의 몫인 것이다.

사실, 결론은 명확하다. 과거 방식에 머무는 리더는 곧 AI에게 대체될 수 있다. 하지만, AI를 활용하고 인간만의 리더십을 개발하는 리더는 앞으로도 살아남을 것이다.

당신은 어떤 리더가 될 것인가? AI 시대에도 도태되지 않는 리더인가? 아니면 AI에게 밀려나는 리더인가?

2. 지금 당장, 리더는 무엇을 준비해야 하는가?

AI 시대, 리더의 역할? 무엇이 달라졌는가?

과거에는 리더가 중요한 결정을 내렸지만, 이제 AI가 상당 부분을 담당하는 시대가 되고 있다. AI는 데이터를 분석하고 최적의 선택지를 제시한다. 글로벌 기업들은 AI를 활용해 최적의 채용 후보를 선정한다. AI는 직원의 실적과 성과 데이터를 분석해 이탈 가능성을 예측한다. 마케팅팀은 AI의 분석을 통해 어떤 광고가 가장 효과적인지 결정한다.

그렇다면 리더는 무엇을 해야 할까? "AI가 할 수 없는 것"을 해야 한다.

AI는 데이터를 분석할 수 있지만, 인간적인 판단을 내릴 수 없다. AI는 감정을 이해할 수 없으며, 윤리적 결정도 내리지 못한다. AI 시대의 리더는 단순한 '의사결정자'가 아니라, 'AI와 협업하는 리더'가 되어야 한다.

준비되지 않은 리더 vs 준비된 리더

준비되지 않은 리더	준비된 리더
AI를 신뢰하지 않음 → "내 경험이 더 정확해"	AI를 활용해 데이터 기반 의사결정
감성 지능과 소통 능력 부족	팀원과 공감하며 조직을 이끌어감
기존 방식만 고수하며 변화에 저항	지속적으로 AI 활용법을 배우고 적용
의사결정 주도권을 빼앗겼다고 생각	AI와 협업하여 새로운 가치를 창출

AI가 직원들의 성과를 객관적으로 평가하며, 리더는 직원들의 강점을 발견하고 성장하도록 지원하는 역할에 집중한다. 또한, AI가 지원자의 적합도를 평가하고, 리더는 조직 문화와의 적합성을 판단하는 역할로 변화하고 있다. AI가 시장 트렌드를 분석하고 전략을 추천하면, 리더는 최적의 선택을 하고 실행하는 역할로 전환되고 있는 것이다.

결국, AI는 리더를 대체하는 것이 아니라, 리더의 역할을 변화시키고 있다. 중요한 것은 AI를 얼마나 잘 활용하는가이다.

그렇다면, 리더는 지금 무엇을 준비해야 하는가?

AI 리터러시AI 활용 능력를 키워야 한다. AI가 도출한 데이터를 해석하고, 최적의 결정을 내릴 수 있어야 한다. 인간 중심 리더십을 강화하여 감성 지능EI, 창의적 문제 해결력, 윤리적 판단을 키워야 한다. 아울러, AI가 내린 결정이 공정한지, 윤리적인지를 판단하는 역할도 필요하다.

AI 시대에도 리더십은 여전히 필요하다. AI가 데이터를 분석해도, 실행하고 관리하는 것은 리더의 역할이다. 직원들의 감정을 이해하고 공감하는 것은 AI가 할 수 없는 영역이다. 위기 상황에서 윤리적 결정을 내리는 것은 결국 인간 리더의 몫이다.

현재, 당신은 어떤 리더가? 당신은 어떤 리더가 될 것인가?

3. AI 시대에도 살아남는 리더의 조건과 핵심 역량

AI가 주도하는 시대, 리더는 무엇을 갖춰야 하는가? 과거에는 경험과 직관이 리더십의 핵심이었다. 하지만 이제 AI는 데이터를 분석하고, 의사결정을 지원하며, 업무 자동화를 통해 많은 역할을 수행한다. 그렇다면 AI 시대에도 필요한 리더는 어떤 사람인가?

리더십의 본질은 변하지 않지만, 리더가 갖춰야 할 역량은 완전히 달라졌다. AI 시대에도 살아남는 리더는 다음 3가지 핵심 역량을 반드시 갖추고 있어야 한다.

1) 데이터 리터러시Data Literacy – 데이터를 해석하고 활용하는 능력

데이터 리터러시는 AI가 제공하는 데이터를 분석하고 검증할 수 있는 능력을 의미한다. 조직의 리더는 데이터 기반 의사결정을 내리기 위해 다양한 시뮬레이션과 실습을 경험해야 하며, 이를 통해 데이터의 신뢰성을 평가하고 AI의 추천을 비판적으로 검토할 수 있어야 한다. 데이터는 단순한 정보가 아니라, 전략적 의사결정의 근거가 되어야 한다. AI 기반 성과 관리 시스템을 활용하면 직원들의 업무 데이터를 분석하여 공정한 평가와 최적화된 보상 시스템을 설계할 수 있다. 또한, AI 기반 시장 예측을 통해 소비자 트렌드를 분석하고, 빠르게 변화하는 시장 환경에서 선제적인 전략을 수립할 수 있다.

2) AI 협업 리더십 – AI를 전략적 파트너로 활용하는 능력

AI 협업 리더십이란 AI를 단순한 자동화 도구가 아니라, 의사결정을 돕는 전략적 파트너로 활용하는 능력을 의미한다. AI가 제공하는 분석 데이터를 바탕으로 최적의 결정을 내릴 수 있는 능력을 갖추는 것이 중요하며, AI가 수행할 수 있는 업무와 인간이 해야 할 업무를 명확히 구분하는 것이 필요하다. 예를 들어, AI 기반 고객 응대 시스템을 도입하면 반복적인 문의를 자동으로 처리할 수 있으며, 인간 직원은 보다 복잡한 문제 해결에 집중할 수 있다. 또한, AI 기반 예측 모델을 활용하면 공급망 리스크를 사전에 분석하여 최적의 대응 전략을 수립할 수 있다. 이러한 방식으로 AI와 인간의 협업을 극대화하면 조직의 생산성과 경쟁력을 동시에 강화할 수 있다.

3) 인간 중심 리더십 – AI가 대체할 수 없는 역량 강화

AI 시대, 왜 '인간 중심 리더십'이 중요한가? 이제 리더십은 단순히 조직을 '관리'하는 수준을 넘어서야 한다. 빠르게 변화하는 환경 속에서, 리더는 조직을 혁신과 성장의 중심으로 이끄는 '변화 촉진자' 역할을 수행해야 한다. AI 기술이 아무리 발전하더라도, 유연하게 사고하고, 민첩하게 실행하며, 사람의 가치를 이해하는 리더십은 대체할 수 없기 때문이다.

AI 시대의 조직은 빠른 실험try fast과 즉각적인 피드백feedback fast이 가능해야 한다. 리더는 변화에 대한 두려움을 줄이고, 새로운 시도를 장려하는 문화적 기반을 설계해야 한다. AI는 다양한 데이터를 분석하고 시뮬레이션하는 데 강점이 있지만, 그 데이터를 해석하고 실행 전략으로 전환하는 것은 여전히 사람의 몫이다.

리더가 해야 할 중요한 일 중 하나는, AI를 단순히 효율성을 높이는 기술로 보는 데 그치지 않고, 조직 문화에 자연스럽게 녹여내는 것이다. AI 시스템의 성과를 검토하고, 실제 업무에 얼마나 기여했는지를 투명하게 공유해야 한다. AI 활용 방법을 지속적으로 업데이트하고, 사용자의 피드백을 반영하며, 현장 구성원들이 AI를 편안하게 활용할 수 있도록 심리적 장벽을 낮추는 교육과 지원을 제공해주어야 할 것이다.

AI가 조직의 많은 영역을 자동화하거나 최적화해주더라도, 사람은 여전히 조직의 중심이다. 감정, 윤리, 창의력 같은 영역은 AI가 대신할 수 없기 때문에, 리더는 인간의 고유한 역량이 더욱 발휘될 수 있는 환경을 조성해야 한다. 즉, AI가 잘하는 일은 맡기고, 사람만이 할 수 있는 역량 공감, 윤리 판단, 창의적 문제 해결 등을 키우는 리더십이 필요하다.

결국 중요한 것은 리더 자신의 변화다. 리더가 먼저 AI와 함께 학습하고, 기술을 두려워하지 않으며, 열린 사고로 구성원들과 협력할 때, 조직 전체가 건강하게 변화할 수 있다. 이러한 리더의 태도 변화가 곧 조직의 경쟁력으로 이어지며, AI 시대에서 살아남는 강한 기업으로 성장하게 되는 것이다.

저자 소개

김기진 | KHR Group, 한국HR포럼 대표

아주대학교 겸임교수, 한국HR협회와 KHR GPT 연구소 대표, 피플스그룹 조합법인 이사장, ERiC Story 출판 대표. 16년간 제190회 KHR포럼 개최회원 3,900명와 'KHR FTP 인사&인재개발 실태 조사 보고서'를 6년째 발간하고 있다. 현재 육군 인사사령부 스마트 인재시스템 구축 자문위원, 국방 정책자문위원HR분야으로 활동 중이다. 저서로는 《AI 대전환 시대, 질문을 디자인하라 – ChatGPT를 사고 파트너로 만드는 질문 설계의 기술》, 《아하 나도 줌(Zoom) 마스터》 등이 있으며, 공저: 《AI 대전환 시대, Who am I 인간의 정체성과 변화 적응》, 《코칭 레볼루션: AI시대, 코치형 리더의 탄생》, 《팀장 레볼루션: 이전의, 팀장이 사라진다》, 《채용 레볼루션: AI 채용의 힘》, 《ESG 레볼루션: 지속 가능의 힘》, 《HR 레볼루션: 생성형 AI, HR 생태계 어떻게 구축할 것인가》, 《ChatGPT*HR: 생성형 AI, HR에 어떻게 적용할 것인가》, 《왜 지금 한국인가: 한류경영과 K-리더십》, 《하루하루 시작詩作》, 《내 인생의 선택》, 〈코로나 이후의 삶 그리고 행복〉, 《책쓰기, AI묻고 인간이 답하다》 기고: 《HR Insight》, 《한경 닷컴》, 《글로벌이코노믹》, 《창업&프랜차이즈》 등이 있다.

황교석 | HD현대삼호 인재개발부 책임매니저

28년간 대기업 HR분야에서 다양한 경력을 쌓아온 전문가로서 목포대 대학원 경영학 석사인사조직 전공, 육군 학사장교중위 전역, HD현대삼호 HR부문에서 인사과장, 인사기획과장, 교육과장, 인재개발팀장 및 기술교육원장 등을 역임했으며, 2급 정교사 자격증과 1급 인적자원개발사를 보유하는 등 이론과 실무를 겸비한 HR 전문가로 활동하고 있다.

이재실 | 일터대학WPC 총장

기계공학 학사/석사, 교육학박사 학위와 건설기계기술사, 국제기술사APEC & International Professional Engineer, 기술지도사, 건설기계기능장, 평생교육사1급, 직업능력개발교사1급 등 다수의 전문자격을 소지하고 있다. 현재 일터대학 총장화성/평택/천안 캠퍼스 운영, 대한민국 산업현장교수, 한국기술사회 이사, 사)한국커리어개발

협회 이사전회장, 한국인력개발학회 이사, 서울시 건축안전진단 전문위원, 국가자격 출제/검토/채점/면접위원, 34년간 삼성중공업과 볼보그룹 연수원에서 부원장과 원장, 아주대학교 겸임교수, 한경대학교 교수, 국토교통부 건설기계심사 평가위원, 경기도 기술닥터, 화성시와 평택시 기업교육 및 기술경영 자문위원, 안성시 평생교육 자문위원 등 교육훈련 프로그램 개발/운영/평가/컨설팅에 전문성을 갖추고 있다. 저서: 《Who Am I 공저》,《평생한 공부》,《기업가정신》,《NCS학습모듈_유압펌프/유압밸브)》,《국정교과서_기계》,《건설기계 토공·적하 이론》,《건설기계 차체 이론·실기》,《내연기관 이론·실기》,《유압장치》 등 다수가 있다.

최규철 | 커리어 큐레이팅 연구소 대표

필명은 문산文山으로, 36년간 사기업, 공기업, 유럽계/미국계 외투기업에서 인사, 교육 및 노무 분야를 담당하며 폭넓은 경험을 한 HR 전문가다. 두산 계열사와 네슬레 합작법인 HR 통합에 따른 변화관리 업무를 주도했으며, 앤더슨 컨설팅현 엑센츄어, 켈로그, 인그리디언에서 한국 조직 인사책임자로 근무하는 동안 다양한 HR 글로벌 프로젝트를 수행했다. 인천국제공항공사에서 신인사제도를 주도한 HR기획팀장을 역임했으며, 현재는 국내 인사컨설팅 컨설턴트, 비즈니스/커리어 코칭 등 전문 컨설턴트와 코치로 활동하고 있다. 다양한 기관에서 인사, 변화관리, 리더십 및 커리어 관련 강의를 수행하고 있다. 면접 전문 위원으로 활동하고 있으며, 인사 관련 잡지에 수년간 칼럼을 기고하고 있다. 다양한 국적의 리더들과 긴밀하게 일해왔으며, 다양한 조직에서 채용과 신규 입사자 교육을 한 경력으로 저서:《퍼펙트 온보딩》이 있고,《AI 대전환시대, Who am I》집필진으로 참여했다.

김택수 | 한국역량평가개발원 부대표

WhyH컨설팅 대표 컨설턴트, 런투컨설팅 전문위원, Gallup 강점 코치, Birkman Method 코치. 소중한 것 먼저하기 & 7 Habits 코치. 다양한 기업과 공공기관에서 리더십, 조직문화 및 개발 그리고 직무 역량기획력, 창의력, 문제 해결을 주제로 강의하고 있다. 단순히 "좋은 성과를 내는 법"만을 이야기하는 강사가 아닌 개인도 함께 성장하고 행복해질 수 있도록 돕는 '라이프 파트너'라는 역할을 실천하고자 사람들의 성장과 변화를 고민하고 있다. 오늘도 교육 현장에서 학습자들과 눈을 맞추고, 질문을 던지고, 때로는 함께 웃고 소통하면서 성장을 향한 즐거운 여정을 만들어 가고 있다.

마은경 | KMA 한국능률협회 자격인증평가본부 팀장

한양대 교육공학 석사 졸업, 한국교육학술정보원에서 교사와 학생 관점의 콘텐츠 개발을 경험한 후, 한국능률협회 지식연구소장과 인재혁신 본부장을 역임하며 경영공통, 승진자 교육, 직무 스킬 개발 등 다양한 온라인·오프라인 교육과정 개발, 교육체계 수립, 직무 분석을 수행해왔다. 특히, DX 역량모델링 기반의 DX Academy를 런칭하여 다수 기업의 DX 진단과 교육, 컨설팅을 통해 조직의 디지털 전환을 지원했다. 최근까지 AI 확산과 조직 내 다양성 증가로 인한 문화 변화를 리딩하는 "Culture Shift" 솔루션을 확대하며, 기업의 지속 가능한 성장을 도왔다. 현재는 KMA 한국능률협회 자격인증평가본부에서 자격 개발 및 인증체계 확산을 주도하며, 기업과 개인이 변화하는 환경 속에서 필요한 스킬을 효과적으로 갖출 수 있도록 지원하고 있다.

이소민 | 인솔루션랩INSOLUTION LAB 소장

성균관대 경영대학원 경영학 석사 졸업, 동 대학원 박사과정을 수료했다. 마케팅·경영 컨설팅을 거쳐 현재는 HRD·OD 분야 컨설팅펌, '인솔루션랩INSOLUTION LAB'의 소장이다. 한국리더십센터 그룹사에 근무했으며 현재 버크만·해리슨어세스먼트 등 공인 디브리퍼의 역량을 바탕으로 기업·관공서 리더들의 변화와 성장을 돕는 촉매제로서 20년 이상 문제해결·리더십 분야 전문가로 활발히 소통하고 있다. 한국코치협회 공인 코치, 경기콘텐츠진흥원 위촉 창업 컨설팅 분야 플래너, 노사발전재단 위촉 전문위원, 한국인성교육협회 위촉 전문위원, 공인 시간관리 컨설턴트 등으로도 활동 중이다. 고객사와의 동행을 무엇보다 기꺼워하는 퍼실리테이터 겸 비즈니스 코치로, 건강하고 행복한 직장인·팀·조직의 지속 가능한 동반성장의 해답을 찾기 위해 꾸준히 연구하고 있다. 공저: 《AI 대전환 시대, Who am I?》, 《코칭 레볼루션: AI시대, 코치형 리더의 탄생》, 《리더십 트랜스포메이션》, 《나를 바꾼 프랭클린 플래너》가 있다.

채명석 | CJ대한통운 부장

현재 CJ대한통운 건설부문에서 전략기획을 담당하고 있으며, 15년간 HRD 분야에서 활동했다. 멀티캠퍼스 교육 컨설팅을 시작으로 CJ그룹의 인재원, 계열사에서 HRD와 조직문화 업무를 담당하며 기업 경영철학, 리더십, 인재개발에 대한 깊은 통찰을 쌓았다. 본 도서에서 집필한 주제의 감성지능은 Genos Intentional에서 취득한 감성지능 Emotional Intelligence 강사 자격과 코칭 활동을 통해서, 조직비전은 CJ그룹에서 다수의 계열사 조직의 비저닝 워크숍을 설계하고 수립했던 실제 경험을 토대로 작성하였다.

김대경 | KHR GPT연구소 소장

한국HR포럼 GPT연구소장으로 생성형AI의 실무 활용을 연구하고 전파한다. 한국코치협회 인증코치이자 국제멘탈코칭센터 스포츠멘탈코칭 인증코치로서 사업가, 직장인, 선수, 학생, 부모의 성과와 성공을 위해 동행한다. 중소기업연수원, 기술과가치에서 교육사업과 컨설팅을, 현대카드/캐피탈의 자회사에서 교육, 채용, 보상 등 HR 전반을 경험했다. 승강기제조업의 창업맴버로서 3년차에 연매출 200억을 달성했고, 가전서비스 스타트업의 CEO를 역임했다. 고려대 기업교육 석사, 인적자원개발 및 성인계속교육 박사 과정을 거치며, 연구와 실제의 통합에 매진한다. 공저: 《코칭 레볼루션: AI시대, 코치형 리더의 탄생》, 《팀장 레볼루션: 이전의 팀장이 사라진다》, 《MZ EXPERIENCE》가 있다.

최준오 | 엘앤디스토리 대표

사람에 대한 무한한 가능성을 믿으며, 함께 성장하는 기쁨을 추구하는 인재개발 전문가. 성균관대와 고려대에서 학부, 석사로 교육학과 기업교육을 전공하였으며, 현재는 한양대에서 평생학습 전공 박사과정 중에 있다. 20여 년 동안 기업교육 실무자와 리더로서 웅진, CJ, 스마일게이트, 오케이금융그룹 등에서 리더의 체계적 육성, 구성원 역량개발, 강한 조직을 만들기 위한 많은 프로젝트를 수행해왔다. 현재는 엘앤디스토리 대표로서 기업교육 및 공공기관 HR 컨설팅, 리더십 강의, 조직개발 퍼실리테이션, HR 자문 활동, 집필 등 다양한 활동을 하고 있다. 공저: 《더 스마트》가 있다.

목차

1부 AI 대전환 시대, 리더십의 기준이 바뀌고 있다

AI 대전환 시대,
리더십의 기준이 바뀌고 있다

AI 시대, 리더의 생존 전략

황교석

1

디지털 혁신 시대,
리더십의 새로운 패러다임

디지털 혁신 시대에는 기존의 전통적인 리더십 패러다임이 더 이상 유효하지 않다. 과거의 리더십이 경험과 직관을 기반으로 한 지휘·명령 중심의 방식이었다면, 이제는 데이터 기반 의사결정과 기술 활용 역량이 핵심 요소로 부상하고 있다. AI와 빅데이터 같은 기술이 업무 방식 전반에 깊숙이 스며들면서, 리더는 단순한 의사결정자가 아니라 변화와 혁신을 촉진하는 퍼실리테이터Facilitator로 역할이 변화하고 있다.

최근 조직에 들어오는 신입 구성원들은 자기 주장이 뚜렷하고 개성이 강한 모습으로 보여지기도 한다. 하지만 이들은 자신이 하는 일에서 의미를 찾고, 개인의 성장과 경력 개발 기회를 중시한다는 공통된 특성을 가지고 있다. 디지털 환경에 익숙할 뿐 아니라, AI와 자동화 도구 사용에도 능숙하다. 따라서 AI 시대의 리더는 이와 같은 시대적 변화에 민감하게 대응해야 하며, 지속적인 학습과 적응을 통해 기술과 인간 중심 접근을 유연하게 연결할 수 있어야 한다.

오늘날 경영환경은 그 어느 때보다 불확실성이 커지고 있으며, 조직은 빠른 변화에 유연하게 대응할 수 있는 새로운 리더십을 요구하고 있다. 기존의 수직적이고 경직된 운영 방식은 협업과 창의성을 저해할 수밖에 없으며, 이에 따라 리더는 열린 사고와 유연한 조직문화 조성자로 변화해야 한다. 조직의 생존과 성장은 단순한 기술 도입이 아니라, 이를 전략적으로 통합하고 구성원 간 신뢰를 구축하는 리더의 역량에 달려 있다.

디지털 전환 흐름 속에서 데이터 기반 의사결정Data-Driven Decision Making은 더 이상 선택이 아닌 필수가 되었다. 리더는 AI가 제공하는 분석 결과를 적극 활용하되, 인간적 통찰력과 윤리적 기준을 결합한 균형 있는 결정을 내릴 수 있는 통합 역량을 갖춰야 한다. 또한 기술과 데이터가 모든 문제를 해결해 줄 것이라는 기술 만능주의의 환상에서 벗어나, 신뢰와 공감이라는 조직의 본질적 가치를 존중하는 리더십을 실천해야 한다.

디지털 시대의 리더십은 협업과 자율성을 강조하는 방향으로 진화하고 있다. 이에 따라 리더는 조직 내 유연성을 높이고, 수평적 커뮤니케이션을 촉진하며, 구성원 개개인의 자기 주도적 성장을 독려하는 역할을 수행해야 한다. 단순한 관리자 역할에서 벗어나, 조직의 미래를 제시하고 방향을 디자인하는 비전 제시자Visionary로 거듭나야 한다.

새로운 리더십 패러다임을 수용하고 실천하는 리더만이 조직을 지속 가능한 성장과 혁신으로 이끌 수 있으며, 예측 불가능한 미래를 오히려 기회의 장으로 바꿀 수 있다.

2

AI 시대, 리더가 갖춰야 할 핵심 역량

아날로그 시대든 디지털 시대든, 리더에게 요구되는 본질적인 역할은 크게 다르지 않은 것 같다. 1990년대 조직 내 리더에게 요구되던 역할과 현재의 역할을 비교해 보면, 전략을 수립하고, 의사결정을 내리며, 구성원을 동기부여하여 성과를 창출하는 리더의 기본적인 책무는 여전히 유효하다. 다만, 오늘날의 리더십에는 한 가지 중요한 변화가 더해졌다. 바로 AI와 디지털 기술을 이해하고, 이를 적극적으로 조직 운영에 통합하는 역량이다.

AI 시대 리더가 기술 전문성을 반드시 갖춰야 하는 것은 아니지만, 기술과 사람이 공존하는 조직을 효과적으로 이끌기 위해서는 디지털 이해력과 협업 역량의 조화가 필수라고 할 수 있다. 이를 기반으로, 오늘날 리더가 반드시 갖추어야 할 역량을 세 가지로 정리해 보고자 한다.

1) 디지털 리터러시와 데이터 기반 사고

디지털 리터러시는 단순한 기술 습득을 넘어, 디지털 환경에서 정보를 탐색하고 해석하며 전략에 연결하는 통합적 역량을 의미한다. 데이터가 넘쳐나는 AI 시대에는, 단지 정보의 양이 아니라 데이터를 어떻게 읽고 해석하느냐가 핵심 경쟁력이 된다. 리더는 방대한 정보를 효과적으로 분석하고, 이를 전략적 의사결정에 연결할 수 있어야 한다.

대표적인 사례로, 넷플릭스는 사용자 데이터를 정교하게 분석해 시청자의 선호도를 예측했고, 그 결과물로 '하우스 오브 카드'와 같은 히트 오리지널 콘텐츠를 기획할 수 있었다. 이는 직관이 아닌 데이터 기반의 판단이 비즈니스 성공의 열쇠가 될 수 있음을 보여주는 사례다.

물론, 리더가 프로그래밍 전문가일 필요는 없다. 그러나 기술 전문가와 효과적으로 소통하고 조직 내 디지털 흐름을 이끌기 위해서라도 기본적인 디지털 리터러시와 데이터 감수성은 필수적이다. AI를 전략적으로 활용할 수 있는 사고력과 통찰이 바로 이 시대 리더의 첫 번째 경쟁력이다.

2) 소통과 공감능력

AI 시대에 필요한 역량은 단순히 기술적 전문성에 국한되지 않는다. 리더는 조직 안팎의 다양한 사람들과 소통하고, 구성원들의 의견을 경청하며, 신뢰의 기반 위에서 조직을 운영해야 한다. 이를 위해서는 구성원들의 의견을 존중하고 피드백을 적극적으로 반영하는 노력이 필요하다.

오바마 전 미국 대통령은 최고의 위치에 있었지만 대중과의 뛰어난 소통능력으로 국민들의 사랑과 신뢰를 얻었으며, 2017년 퇴임 당시 58%의 지지율을 기록하며, 임기 초반 최고 지지율인 69%에 근접하는 수치를 보였다. 이는 재임 마지막 순간까지도 국민들로부터 높은 신뢰와 지지를 받았음을 보여준다. 인텔의 전 CEO인 엔디 그로브는 '열린 소통'을 강조하며 직원들이 자유롭게 의견을 제시할 수 있는 환경을 조성하여 조직의 창의성과 생산성을 극대화 했다.

시대가 변화하면서 한 사람의 탁월한 역량으로 조직의 시너지를 극대화하기는 점점 어려워 진다. 다양하고 복잡한 환경 속에서는 구성원들과의 협업을 통한 성과 창출이 필수적인 것이다. AI는 데이터를 찾고 분석할 수 있지만, 사람들의 감정을 이해하고 공감할 수는 없는 것이다. 조직내 구성원들간의 신뢰와 협력이 성과 창출에 결정적인 영향을 미치는 것을 간과해서는 안된다. 소통이 원활한 조직에서는 구성원들이 자유롭게 의견을 제시하고 이를 통해 혁신적인 아이디어를 도출할 수 있는 것이다. 비록 AI가 많은 업무를 자동화하더라도, 조직의 핵심은 결국 사람이다.

리더는 기술적 역량뿐만 아니라, 구성원들과의 효과적인 소통과 공감 능력을 겸비해야 한다. AI 도입으로 인한 막연한 불안감이나 저항을 최소화하고, 구성원들이 새로운 기술 환경에 긍정적으로 적응할 수 있도록 심리적 지원과 동기부여를 제공해야 한다. 이는 조직의 결속력과 협업을 강화하는 데 매우 중요한 역할을 할 것이다.

3) 문제 해결능력과 의사결정력

빠르게 변화하는 환경 속에서, 기존의 방식이나 모델은 더 이상 유효하지 않을 수 있다. 리더는 현실에 안주하지 않고 변화의 흐름을 읽고, 앞서 대응하며, 새로운 기회를 창출할 수 있어야 한다. 이는 단순한 문제 해결을 넘어, 미래의 리스크를 예측하고 전략적으로 준비하는 능력으로 확장된다.

AI는 반복적 작업을 자동화하며, 인간에게는 보다 창의적이고 전략적인 역할을 요구한다. 리더는 데이터를 분석하는 데에만 의존하는 것이 아니라, 데이터를 해석하고 의미를 부여하는 '비판적 사고력'을 바탕으로 최종 결정을 내려야 한다. AI가 제안한 의사결정 결과를 무비판적으로 수용할 경우, 알고리즘 편향이나 윤리적 오류가 발생할 위험이 존재한다. AI의 인사이트를 조직 상황에 맞게 해석하고 조율할 수 있는 판단력과 책임감이 요구된다.

궁극적으로, AI 시대에도 최종적인 판단과 책임은 리더의 몫이다. 리더의 문제 해결 능력과 의사결정력은 기술을 넘어서 조직 전체의 성과와 문화, 그리고 지속 가능성에 폭넓은 영향을 미치게 된다.

3

AI 기반 환경에서 생존을 위한 리더십 실천 전략

AI 기술의 급속한 발전은 조직에 끊임없는 변화와 혁신을 요구하고 있다. 이에 따라 리더 역시 단순히 지휘와 명령을 내리는 전통적인 역할에서 벗어나 전략적 사고와 실행력을 갖춘 혁신의 선구자로 거듭나야 한다. 이제 리더는 기술과 사람, 변화와 안정 사이에서 균형을 이뤄야 하며, 생존을 넘어 지속 가능한 성장을 이끄는 전략을 체계적으로 갖출 필요가 있다. 이 장에서는 AI 기반 환경에서 리더가 실천해야 할 핵심 전략을 세 가지 관점에서 살펴보고자 한다.

1) 전략적 사고와 실행력

AI를 효과적으로 활용하기 위해서는 단순히 기술을 이해하는 수준을 넘어, 전략적 관점에서 사고하고 이를 실행에 옮길 수 있는 역량이 필수적이다. 리더는 AI를 통해 기술 발전의 흐름과 핵심 트렌드를 읽고, 이를 실제 업무에 어떻게 적용할 수 있을지를 구체적으로 살펴야 한다. 단순한 직관이나 개인적 경험에 의존하기보다는 데이터 기반의 논리적 의사결정을 통해 인사이트를 도출하고, 변화의 가능성을 조직 전반에 확산시켜야 한다.

이를 위해 가장 중요한 것은 실패를 수용하고 실험을 장려하는 문화이다. 리더가 먼저 완벽주의의 틀을 내려놓고, 실패를 학습의 자원으로 인정할 때 구성원들은 보다 자유롭고 창의적인 시도를 할 수 있다. 구성원들이 자율적으로 아이디어를 제시하고 새로운 방식을 실험할 수 있도록, 심리적 안전감과 학습 친화적인 환경을 조성하는 것이 중요하다. 워크숍, 사내 프로젝트, 자기주도형 학습 프로그램을 통해 이러한 문화를 제도화한다면, 전략적 사고와 실행력은 조직 전체에 뿌리내릴 수 있을 것이다.

AI 기반 환경에서 진정한 리더십은 '처음부터 완벽함을 추구하기보다 지속적인 개선을 통해 가치를 창출하는 자세'에서 비롯된다.

2) AI 기술과 휴먼 역량의 융합

AI가 발전하면서 업무의 자동화가 빠르게 확산되고 있지만, 사람의 창의성과 직관, 감성 지능은 여전히 대체 불가능한 핵심 역량으로 남아 있다. 단순 반복적인 업무는 AI가 맡고, 사람은 보다 고차원적인 판단과 전략적 역할에 집중하는 구조로 패러다임이 전환되고 있다.

AI는 방대한 데이터를 기반으로 정확한 분석과 예측을 수행할 수 있으며, 사람은 그 데이터를 바탕으로 혁신적인 통찰과 실행 전략을 설계할 수 있다. 특히 AI의 분석력과 인간의 직관, 공감 능력이 조화를 이룰 때, 조직은 최고의 시너지를 발휘할 수 있다. 기술은 생산성을 높이고, 사람은 창의적 가치를 더하는 것이다.

그러나 아무리 AI가 발전하더라도 윤리적 판단이나 사회적 상황을 고려하는 복합적 사고는 인간의 고유 영역이다. 결국, 창의성, 비판적 사고, 감성적 리더십이 더해질 때 비로소 진정한 경쟁력이 발현될 수 있는 것이다. 이를 위해 조직은 리더와 구성원을 대상으로 지속 가능한 AI 교육과 리터러시 향상 프로그램을 마련해야 하며, 인간과 기술이 상호 보완하는 생태계를 만들어가야 한다.

또한, 외부와의 협업 역량 강화도 중요한 과제다. 학계, 스타트업, 기술전문가 등 외부 자원과의 유기적 네트워크를 형성하고, 개방형 혁신Open Innovation을 적극 수용해야 한다. 이를 통해 조직은 다양한 관점과 지식을 유입하고, 예측 불가능한 변화 속에서도 유연하게 적응하고 기회를 창출할 수 있는 역량을 갖출 수 있다.

3) 투명한 의사소통과 신뢰 구축

AI 기술이 아무리 정교해져도, 조직을 움직이는 힘은 결국 '사람과 사람 사이의 신뢰'에 있다. 리더는 구성원들과의 신뢰를 바탕으로, 자율과 책임이 조화를 이루는 문화를 조성해야 한다. 변화가 클수록, 구성원들은 불안해질 수 있다. 이때 리더는 명확한 방향성을 제시하고, 구성원들의 감정을 이해하며, 심리적 안전감을 제공하는 리더십을 발휘해야 한다.

신뢰 기반의 조직은 구성원 간 소통이 활발하며, 각 개인의 견해 차이가 오히려 혁신의 동력이 될 수 있다. 이는 단순한 분위기 조성이 아니라, 리더의 일관된 행동과 진정성 있는 소통을 통해 가능하다. 리더가 약속을 지키고, 실패에 대해 책임을 지며, 구성원의 성장을 진심으로 응원할 때, 조직은 기술보다 더 강한 힘으로 연결된다. AI가 만들어주는 빠른 시스템 위에, 사람 중심의 신뢰가 더해질 때, 진정한 지속가능한 조직이 만들어진다.

AI 시대, 생존을 넘어 진정한 리더십을 실천하기 위해서는 기술 그 자체보다 기술을 사람과 함께 활용할 수 있는 통합적 사고력이 요구된다. 전략적 사고와 실행력, 기술과 인간의 융합, 신뢰 기반 협력은 단지 생존을 위한 조건이 아니라, 미래를 설계하고 기회를 창출하는 리더의 역량이 된다. 기술의 시대이자 사람의 시대, AI의 시대이자 리더십의 본질이 더욱 빛나는 시대가 지금이다.

AI 시대, 변화와 성장을
주도하는 리더십

이재실

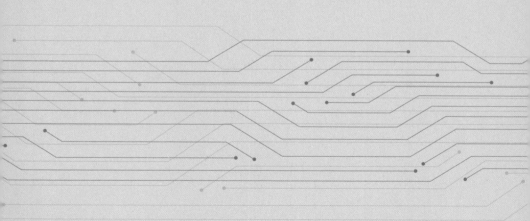

1

자기인식이 강한 리더가 성공한다

리더십의 본질은 결국 '나 자신을 얼마나 잘 아는가'에서 출발한다. 자기인식Self-awareness은 단순히 자신의 감정을 들여다보는 차원을 넘어, 자신의 강점과 약점, 행동 패턴과 감정의 흐름을 명확히 이해하고, 그것이 조직과 타인에게 어떤 영향을 미치는지를 정확히 인식하는 능력이다.

자기인식이 높은 리더는 메타인지metacognition 역량이 뛰어나다. 자신이 무엇을 알고, 무엇을 모르는지를 구분할 수 있으며, 자신의 말과 행동이 조직 구성원에게 미치는 영향을 깊이 고려한다. 이러한 리더는 구성원들과의 관계 속에서 보다 정교하고 신뢰 기반의 리더십을 발휘할 수 있으며, 결국 성과로 이어지는 긍정적인 변화를 이끌어낸다.

필자는 리더를 "자신과 관계자들에게 옳은 일을 옳은 방향으로 이끄는 자"로 정의한다. 이 정의에 부합하기 위해, 리더는 먼저 자신이 그런 기준에 맞는지를 진단해 보아야 한다. 이에 따라 리더의 자기인식을 다섯 가지 항목으로 나누어 살펴볼 수 있다.

첫째, 감정 인식이다. 리더는 자신의 감정을 정확히 인식하고, 상황에 따라 적절히 표현하고 조절할 수 있어야 한다. 감정은 리더의 의사결정과 소통 방식에 직접적인 영향을 미치며, 때로는 조직의 분위기를 좌우한다. 감정을 억제하거나 무시하는 것이 아니라, 스스로의 감정 흐름을 파악하고 조절하는 능력이 핵심이다.

둘째, 강점과 약점의 파악이다. 자신이 잘하는 것과 부족한 점을 객관적으로 평가할 수 있는 능력은 리더십의 기틀이다. 강점은 더욱 발전시키고, 약점은 팀원이나 시스템을 통해 보완할 수 있어야 한다. 특히, 한두 가지 분야에서는 고도화된 전문성과 경험을 갖출 필요가 있다. 이는 자신감을 넘어, 조직 내에서의 신뢰 형성에 결정적인 역할을 한다.

셋째, 가치관과 신념의 정립이다. 자기인식이 높은 리더는 삶의 철학과 행동의 기준이 명확하다. 윤리적 기준과 신념을 바탕으로 '해야 할 일'과 '하지 말아야 할 일'을 분명히 구분하고, 이를 실천에 옮긴다. 특히 어려운 상황에서도 일관된 원칙을 고수할 수 있어야 하며, 이러한 자세는 구성원들에게 신뢰와 존경을 불러일으킨다.

넷째, 피드백 수용의 태도이다. 조직은 리더 한 사람의 온전함보다, 집단의 다양성과 피드백에 대한 유연성에서 성장한다. 리더는 구성원들의 의견을 열린 자세로 경청하고, 그 피드백을 반영해 끊임없이 자신을 조율해야 한다. 구성원이 자신의 의견이 존중받고 있다고 느끼는 순간, 자율적이고 몰입도 높은 조직 문화가 자연스럽게 형성된다.

다섯째, 행동의 영향력 이해이다. 리더의 말 한마디, 표정 하나, 작은 행동 하나는 구성원에게 큰 영향을 미친다. 자기인식이 높은 리더는 자신의 행동이 주는 영향을 예측하고, 의사결정 과정에서도 그 파장을 충분히 고려한다. "말하기 전에 내가 먼저 실천할 수 있는가?", "이 결정이 팀원에게 어떤 의미로 전달될까?"라는 자문은 진정성 있는 리더십을 만들어낸다.

자기인식은 리더십의 뿌리이자 시작점이다. 겉으로 보이는 카리스마나 탁월한 전략보다 중요한 것은, 자신을 얼마나 깊이 이해하고 조절하며 일관되게 행동할 수 있느냐이다. 자기인식이 강한 리더는 자신에게 솔직하고, 타인에게 진정성 있게 다가가며, 조직 전체의 방향성을 흔들림 없이 이끌 수 있는 힘을 갖춘 사람이다.

1) 나는 어떤 유형의 리더인가?

필자의 자기인식에 기반한 리더십 유형은 네 가지로 구성된다. 이는 역동성Dynamic, 효율성Efficiency, 실용성Practice, 지속가능성Sustainability으로, 일명 DEPS 리더십이라 할 수 있다. 이러한 리더십은 가정, 학교, 군대, 기업 등 다양한 사회화 과정을 통해 축적된 경험과 학습이 환경과 상호작용하면서 점진적으로 형성된 결과이다. 필자는 이 네 가지 리더십 유형을 스스로 체득하고, 실제 조직 운영에 효과적으로 적용해오고 있다.

첫째는, 역동성Dynamic을 지닌 리더로, 구성원의 성향과 조직 문화를 민감하게 파악하며, 변화와 혁신을 주도한다. 명확한 목표를 설정하고 자기주도적인 실행력과 동기부여를 통해 팀을 이끌며, 문제 해결력과 시간 관리를 기반으로 조직의 방향을 유연하게 조율한다.

둘째는, 효율성Efficiency을 중시하는 리더로, 자신의 강점과 약점을 인식하고, 디지털 도구를 활용해 가시적인 성과를 창출한다. 데이터를 바탕으로 전략을 수립하고 문제를 신속하고 정확하게 해결하며, 팀원들에게 명확한 실행 지침을 제시한다.

셋째는, 실용성Practice을 강조하는 리더로, 실천 가능한 전략을 현실적인 접근으로 설계하고 수행한다. 투명한 소통과 일관된 행동을 통해 신뢰를 구축하며, 이론보다 실천을, 말보다 행동을 중시한다. 실수를 인정하고 구성원의 의견을 존중하는 자세로 임하고 있다.

넷째는, 지속가능성Sustainability을 실천하는 리더로, 장기적인 성과와 구성원의 성장을 동시에 추구한다. 멘토링과 코칭을 통해 조직 역량을 강화하고, 최신 기술과 지식을 지속적으로 학습하며, 변화에 능동적으로 대응한다. 다양한 의견을 수렴하고, 의사결정 과정을 팀원들과 함께 공유하는 협력적 리더십을 실천한다.

이처럼 자기인식에 기반한 DEPS 리더십은 개인과 팀, 조직이 각자의 역할을 명확히 수행하면서 실질적인 성과를 창출하고, 지속적인 혁신을 이끌어낼 수 있도록 돕는다.

2) 자기 인식이 조직의 성과에 미치는 영향

자기인식이 높은 리더는 자신의 강점과 약점을 명확히 이해하고 있으며, 이를 바탕으로 성과와 조직 운영에 긍정적인 영향을 미친다. 이들은 다음과 같은 측면에서 조직에 기여한다.

첫째, 신뢰 기반의 조직 문화를 형성한다. 리더가 자신의 가치와 원칙에 기반하여 빠르고 정확한 결정을 내릴 수 있을 때, 조직의 효율성은 자연스럽게 향상된다. 자신의 말과 행동이 타인에게 미치는 영향을 인식하고, 진정성 있는 리더십을 실천함으로써 구성원의 자발적인 참여와 협력을 이끌어낸다.

둘째, 팀워크를 강화한다. 리더는 구성원의 성향과 역량을 바탕으로 역할을 적절하게 배분하고, 팀 내 조화를 이루어낸다. 이를 통해 조직의 비전과 목표에 대한 공감대가 형성되고, 협업이 활발해지며 생산성이 향상된다.

셋째, 정서적 안정감을 제공한다. 감정을 효과적으로 조절할 수 있는 리더는 조직 내에 안정적이고 긍정적인 분위기를 조성할 수 있으며, 이는 구성원의 스트레스 감소와 몰입도 향상으로 이어진다.

넷째, 혁신과 변화를 촉진한다. 자기주도적 학습을 중시하는 리더는 자신의 한계를 인식하고 이를 보완하기 위해 끊임없이 개선과 혁신을 시도한다. 이와 같은 태도는 조직 내에 학습과 성장 중심의 문화를 확산시키고, 경쟁력을 높이는 기반이 된다.

3) 나의 강점을 활용한 현장형 리더십 전략

자신의 고유한 강점을 바탕으로 실질적인 성과를 만들어내는 실행 중심의 리더십은 변화에 민첩하게 대응하고 실행력을 극대화하는데 중점을 둔다. 필자는 이를 다음과 같은 네 가지 전략으로 실천하고 있다.

첫째, 건강한 리더이다. WHO에서 제시한 신체적, 지적·정신적, 사회·감정적, 영적 건강을 균형 있게 실천함으로써 에너지를 최적화하고, 건강 중심의 조직 문화를 조성한다. 규칙적인 운동, 균형 잡힌 식습관, 충분한 수면을 유지하고, 독서와 명상, 연구 및 글쓰기를 통해 사고력을 확장한다. 긍정적인 관계를 형성하고 감성지능을 바탕으로 소통하며, 내면의 철학과 가치관을 중심으로 일관된 리더십 방향을 제시한다.

둘째, 자기주도적 리더이다. 명확한 목표 설정과 실행, 책임 있는 행동을 통해 환경 변화에도 흔들리지 않는 리더십을 발휘한다. 시간 관리, 책임감과 주인의식, 지속적인 학습과 성장 추구, 독립성과 상호의존적인 태도, 목표 중심적 사고를 실천하며 조직의 성과를 도출한다.

셋째, 공감적 경청하는 리더이다. 구성원의 감정과 의도를 이해하고 수용하며, 다양한 의견을 존중한다. 투명한 의사결정과 긍정적인 언어 사용을 통해 심리적 안전감을 조성하고, 구성원의 참여를 유도하며 협업을 촉진한다.

넷째, 직무 전문성 리더이다. 특정 분야에서의 깊이 있는 지식과 풍부한 경험에 기반하여 자기만의 이야기로 전략을 설계하고, 생산하며 문제를 해결한다. 팀원들에게 명확한 방향을 제시하고, 끊임없는 자기계발을 통해 성장하는 조직 문화를 선도한다.

이처럼 리더의 강점을 활용한 전략은 조직의 실질적 변화와 지속 가능한 성과를 도출하는 핵심 요소이다.

2

기업이 원하는 성장형 리더

기업이 요구하는 리더는 단순히 조직을 관리하는 자가 아니라, 지속적인 성장과 혁신을 주도하는 리더이다. 기업은 변화에 유연하게 대응하고, 팀원들과 협력으로 최적의 성과를 창출하는 리더십이 요구된다. 이러한 성장형 리더가 실천할 핵심 요소 세 가지 전략은 다음과 같다.

1) 원칙중심의 리더십을 펴라

원칙중심Principle-Centered의 리더십은 상황에 따라 변하지 않는 핵심 가치를 기반으로 조직을 이끄는 방식이다. 리더는 자신과 조직이 옳은 방향으로 나아가도록 돕는 근본적인 접근 방식이며, 성과 중심의 리더십은 물론 가치 중심의 리더십을 의미한다. 원칙중심의 리더는 아래의 특징과 같이 구성원들에게 명확한 방향을 제시하고, 신뢰와 윤리 및 도덕적 기준을 유지하며 조직의 지속 가능성을 높인다.

- 신뢰성Trustworthiness: 리더란 '옳은 일을 옳은 방향으로 수행하는 사람'이다. 이를 수행하려면 리더 자신이 바른 성품과 그 일을 수행할

수 있는 역량을 가져야 한다. 즉 거짓 없는 마음과 바른 일터 태도 및 윤리적 가치를 토대로 수행 직무 분야에 전문성을 보유하여, 구성원들로 하여금 신뢰를 갖도록 해야 한다. 원칙중심 리더십의 중요한 덕목은 바로 신뢰할만한 가치를 가진자이다.

- 안에서 밖으로Inside Out: 리더십의 접근은 바로 나I 또는 self부터 시작이다. 내가 나에게 옳은 일을 부여하고 옳은 방향으로 이끌어가도록 나를 구축하고 통제Control해야 한다. 이어서 너You 또는 Team를 리딩 Leading하고, 그리고 우리We 또는 Organization를 대상으로 리더십을 확장해야 리더십의 완성도가 높아진다. 1인칭인 '나' 자신도 리드하지 못하는 역량으로 팀이나 조직의 맡아 리더십을 발휘하려는 것은 욕심이고 허상이다. 변화의 시도 또한 나I – 너You – 우리We의 순으로 수행되어야 성공 가능성이 높다.

- 연결성Connectivity: 조직의 성과는 구성원과 관계자들간 협업의 결과이다. 이에 따른 핵심역량은 디지털 도구의 접근성, 투명한 소통과 경청, 일관된 행동으로 신뢰 구축, 정직하고 공정하며 책임감 있는 조직 운영으로 구성원들에게 본보기가 되어야 한다. 자신의 실수를 인정하고 배려와 존중을 바탕으로 갈등을 효과적으로 해결하며 구성원들이 협력할 수 있는 환경과 조직 문화를 조성한다.

2) 리더십의 성장

필자는 학습과 연구, 경험과정에서 리더십은 나개인 차원, 너팀 차원, 우리조직 차원으로 성장되고 있음을 발견하고 실천해 가고 있다. 각 차원의 리더십은 상호 보완적이며, 나 차원의 셀프 리더십이 너와 우리 차원의 리더십으로 확장되어 조직 전체의 성과와 발전에 기여한다. 이 세 가지 차원의 리더십을 균형 있게 실천할 때, 기업의 방향성과 일치하는 리더로 성장할 수 있다.

(1) 나개인 **차원 리더십**Personal Leadership

리더십의 출발은 나개인 차원의 리더십 즉 셀프I_Self 리더십으로 시작된다. 리더는 자기인식을 바탕으로 강점에 중점하여 자기 계발과 자신의 관리와 통제 및 동기 부여로 지속적 성장을 이루어 나간다. 필자는 3가지 차원의 리더십 중 으뜸이 바로 나개인 차원 리더십으로 본다. 이유는 나 차원의 리더십은 내가 나를 알고 옳은 일을 부여하여 옳은 방향으로 이끌어 갈 때, 너 차원You_Team, 우리 차원We_Organization의 리더십도 바르게 정착된다. 이를 구축하는 핵심역량은 다음과 같다.

- 자기 인식Self-awareness: 자신의 강점과 약점을 명확히 파악하고, 감정을 조절하며, 효과적인 의사결정을 내린다.
- 목표 설정Goal Setting: 장단기 명확한 목표를 설정하고, 실행 가능한 전략과 구체적 계획을 수립하여 행동한다.
- 자기 계발Self-development: 도전적인 과업을 수행할 수 있도록 지속적인 학습과 역량 강화를 통해 자신의 가치를 높이고, 변화하는 환경적응을 위해 자기 계발 동기를 부여한다.
- 책임감Accountability: 자신의 결정과 행동에 대한 책임을 지고, 결과를 분석하여 지속적인 개선을 추구한다.

- 신뢰성Trustworthiness: 정직하고 도덕적인 태도와 일관성을 유지하는 성품을 기반으로 직무에 전문성을 보유하고 자신과 타인에게 신뢰할 만한 가치를 가지고 행동한다.

(2) 너팀 차원 리더십Interpersonal Leadership

너팀 차원 리더십은 팀 리더십으로, 리더가 팀원들과 신뢰를 구축하고 협력을 통해 공동 목표를 달성해 가는 리더십이다. 너 차원 리더십은 팀 내에서 리더가 팀원들에게 데이터에 근거한 합리적인 목표를 제시하고, 이를 해결해 갈 동기의 제공과 자원과 역할의 배분, 통제, 평가, 목표 및 성과관리, 성장을 지원하며, 영감을 주는 행위이다.

팀 활동 과정에서 의견을 존중하고 경청하여 팀 내에서 생성되는 사회적 문제들을 신뢰 기반의 성숙된 협업 문화로 해결하며, 팀원들의 잠재력을 극대화하는 리더십을 전개하여 팀의 성과 달성을 이끌어 낸다. 너 차원 리더십을 주도해 가는 동력은 다음과 같다.

- 신뢰Trust: 정직하고 투명한 의사소통과 공정한 리더십을 통해 팀 내 심리적 안전감 조성과 팀원들의 신뢰를 얻는다.
- 권한 위임Empowerment: 팀원들에게 자율성을 부여하여 책임감을 높이고, 주도적인 참여를 유도하며 구성원에게 배분한 역할을 원활히 수행하도록, 각자의 필요와 여건을 고려한 맞춤형 성장을 지원한다.
- 팀워크Teamwork: 구성원의 다양한 배경, 신념, 정체성, 능력이 배제되지 않고 존중받으며, 공동체나 조직의 일원으로 인정받도록 한다. 이는 차이를 인정하고, 구성원 모두가 공정한 기회와 자원을 누릴 수 있

는 환경을 조성하는 것을 포함한다. 이것은 구성원이 팀의 일원이라는 심리적 안전감을 제공하며, 개인과 조직이 함께 성장할 수 있는 기반이자 핵심 가치이다. 이 결과 팀원들은 협업 문화를 조성하고 팀원 간 시너지를 극대화한다.

- 의사소통Communication: 개인이 팀의 공동체에 속해 있음을 인식하도록 하고, 팀 내에서 존재 가치를 인정받고, 자신의 생각과 행동, 정체성이 존중받는 상태와 밀접하게 연결되어 있음을 느끼게 한다. 구성원 서로 간의 신뢰와 유대감 형성을 유도하고, 의견 차이가 있더라도 비난받을 걱정 없이 자유롭게 표현할 수 있는 심리적 안정감을 조성한다. 이러한 기반 위에 명확하고 개방적인 커뮤니케이션을 통해 팀의 방향성과 목표 공유와 팀 내 갈등을 효과적으로 해결하고, 긍정적인 조직 문화를 유지한다.

(3) 우리조직 차원 리더십Organizational Leadership

우리조직 차원의 리더십은 조직 전체의 방향성Mission과 목표Vision를 설정하고, 전략과 가치를 수립하며, 구성원들을 정렬하여 실행할 조직 문화를 형성하는 거시적인 리더십을 의미한다. 리더는 미션과 비전 수립, 변화 관리, 의사결정, 자원 배분 등의 역할을 수행하며, 조직의 장기적인 성공과 지속 가능성을 책임진다. 이러한 리더십은 조직 구성원 간의 개인 차원의 리더십을 촉진하고, 구성원들이 스스로 리더가 되도록 지원하는 것을 포함한다. 우리 차원 리더십의 핵심역량은 다음과 같다.

- 미션과 비전Mission & Vision: 환경과 변화를 고려한 조직의 전략적 방향

성Mission과 구체적 실천 목표Vision를 설정하고, 모든 구성원들이 본질의 이해와 역할을 수행할 수 있도록 교육과 소통을 강화한다.

- 조직 정렬Alignment: 구성원들이 미션과 비전을 향해 몰입할 수 있도록 개인별 에너지를 방향성에 맞게 일치시키는 행위이다. 부서별, 팀별 분명한 KPIKey Performance Indicators 제시와 적절한 난이도 그리고 각 모듈Module별 평가feed back로 개인-팀-조직의 계획과 과정 및 결과를 조직의 미션과 비전에 맞게 조율하고 조정한다.

- 성과관리Performance Management: 데이터 기반 의사결정과 조직의 성과를 측정하고, 지속적인 개선과 혁신을 통해 조직 운영의 효율성 제고 및 구성원들의 피드백을 반영하여 개선하며 목표를 상향 조정해 간다.

- 조직 문화 형성Cultural formation: 문화는 구성원이 속한 조직을 성장시켜온 물질적·정신적 과정의 산물이자 생활양식이며 상징 체계이다. 조직 문화를 시대에 맞추어 생성, 유지하기 위해서 미래상을 명확히 하는 원칙 수립과 일관되고 지속적인 활동, 형식과 관행과 결별, 디지털 도구를 활용한 넛지nudge 제공, Top-down 방식의 솔선수범 정착이 요구된다. 조직 차원 리더십은 지속적인 성과 개선을 목표로 조직에 생명력을 불어넣어 항상성Homeostasis을 유지하고, 구성원의 소속감과 형평성을 부여하여 심리적 안정감을 갖도록 하는 것이다.

3) 리딩leading하지 말고, 퍼실리테이팅facilitating하라.

전통적인 리더십 모델은 지시 또는 지도teaching와 경험적이고 권위적인 의사결정 등 리더가 앞에서 이끌어가는 방식Leading이었다. 그러나 현대 조직에서는 구성원과 AI, 디지털 도구와 협업하는 데이터 기반의 의사결정과 구성원의 성장을 조력하는 퍼실리테이팅Facilitating 방식의 리더십이 요구된다. 촉진형 리더는 구성원들이 스스로 문제를 해결하고 성장할수 있도록 지원하는 역할을 하며 특징은 다음과 같다.

- 자율성과 창의성 존중: 고도화된 현 산업 구조에서는 탁월한 역량을 보유한 1인 체계의 지시와 지도의 리더십 발휘는 한계가 있다. 구성원들에게 과제별 난이도를 고려 배분하여 자율성과 창의성을 존중으로 집단지성을 유도한다. 디지털 도구의 활용, AI 적용 환경을 조성하여 데이터 기반의 일 수행으로 정확성과 투명성 그리고 효율성 구축이 필요하다.
- 효과적인 질문 능력: 자신이 원하는 답을 얻기 위해서는 대상인 AI와 구성원에게 원하는 대답이 가설되는 효과적인 질문prompt을 던져야 한다. 문제에 대한 답을 리더가 제시하기보다는 AI 자체적으로 프롬프트에 대해 자료 수집과 설계로 요구한 적절한 결과가 도출되도록 함과 구성원들이 스스로 사고하고 해결책을 찾을 수 있는 적절한 질문question을 생성하여야 한다.
- 협업과 시너지 촉진: 구성원 개개인의 강점을 개발하고, 주제에 대한 각자의 역할 부여와 자유로운 아이디어 제안, 창의적인 문제 해결 독려로 팀워크 환경을 만든다.
- 코칭과 멘토링 수행: 촉진형 리더는 구성원들이 지속적인 성장과 변화에 대응할 수 있도록 코칭과 멘토링을 제공한다. 이제 리더의 역할은

모든 답을 알고 지시하기 보다는 구성원들이 주도적으로 문제를 해결하고 성장할 수 있도록 돕고 지원하는 촉진자Facilitator가 되어야 한다. 구성원들에게 자율성 부여와 스스로 목표를 설정·수행할 수 있도록 기회와 자기 주도적 업무 수행 문화를 조성하도록 한다.

3
자기 혁신을 주도하는 리더의 학습관

1) 미성숙immaturity한 리더가 온전한 리더십으로 성장한다.

리더십은 끊임없는 학습과 실천을 통해 완성된다. 자기 혁신을 주도하는 리더는 변화에 적응하는 것뿐만 아니라, 변화를 창출하며 조직과 함께 성장하는 존재이다. 온전한 리더로서의 성장은 리더 자신 내면의 잠재력을 실현해 가는 변화의 과정이다. 이러한 리더는 단순한 지식 습득을 넘어, 실제 업무와 생활에서 지속적인 실천을 통해 혁신을 이끈다.

(1) 미성숙Immaturity한 리더는 의존성dependence이 높다

- 리더 스스로 부족함이 많음을 인식하는 순간부터 성숙해지기 위한 학습이 시작되어 겸손하고, 배려가 많고, 경청하고, 협업하며, 자존감을 높이려는 시도를 지속한다. 의존도를 낮추기 위해 경험 빈도를 높이고 다양한 도전과 실패를 거치면서 온전한 리더십으로 성장해 간다.
- 의존적Dependence인 자신을 독립적 존재, 나아가 상호의존성Interdependent의 단계로 성장을 위해 자기 성찰과 피드백을 적극적으로 받아들이며, 실수와 시행착오를 두려워하지 않고 지속적인 학습과 경험을 통해 성숙한 리더로 발전해 간다.

(2) 미성숙Immaturity한 리더는 가소성Plasticity이 높다

- 가소성은 개인이 환경적 위치에서 유연하게 변형될 수 있는 능력으로, 결핍을 인지한 리더가 새로운 경험과 학습을 통해 희망하는 사고와 행동 및 기술적·사회적 활동으로 변환 능력을 갖는다.

- 자신만의 리더십 철학을 확립하고, 윤리적 가치와 원칙을 기반으로 환경 변화에 발 빠른 적응과 조직 내 신뢰 구축, 새로운 지식과 기술 습득을 위해 끊임없는 학습과 자기 계발로 일관성 있게 리더십을 실천해 간다.

- 구성원들의 의견을 존중하고 소통을 원활히 하며, 열린 자세로 의견을 수용하여 신뢰 기반의 협업 문화 조성과 학습한 내용을 실제 업무에 적용하는 실천력과 다양한 분야의 풍부한 경험의 선배 리더나 멘토를 통해 실질적인 조언을 수용하여 리더십의 성장 경험을 쌓는다.

2) 리더는 학學_learning 보다 습習_practice이 중요하다

지식學을 습득하는 것만으로는 리더십을 발휘할 수 없다. 배움이 실천習으로 이어지고, 경험으로 축적되어 환경과 구성원들의 상황에 적절하게 쓰임 되어야 진정한 리더로 성장될 수 있다.

(1) 리더가 배움에 집중할 것들

- 방향 제시Direction: 환경을 고려한 전략적 미션과 비전 수립 및 민첩한 변화적응 능력을 배양하는 것이다.

- 일터 태도Attitude: 거짓 없는 어진 마음양심으로 일터 구성원들과 협업

하고 조화를 이루는 행동, 함께하는 이들의 마음과 몸에 긍정적 에너지를 주는 말씨, 그리고 일터 직무에 안전하고 적절한 옷매무새 등 맵씨를 말하고 싶다. 태도를 우선시 하는 것은 일터의 기본이고 누구나 지켜야 할 윤리이자 도덕이기 때문이다.

- 기술Skill: 기술은 직무수행에 신뢰감을 줄 수 있는 결과의 표현으로 직무 전문성이며, 본인의 실천에 대한 객관적 법칙성의 의식적 작용으로, 상당 기간 연습의 축적으로 이루어진다.
- 지식Knowledge: 여기서 지식은 기술을 지속 발전시키는 에너지이다. 일터는 기술을 매개로 제품을 생산하므로 리더는 기술의 안정화와 경쟁력 우위를 위해 지속적 지식의 축적이 요구된다.

(2) 배움을 실천하는 방법

리더들이 어려워하는 부분은 배움學_learning보다 실천習_practice이다. 이유는 정신적 활동으로 습득되어 내재된 지식과 기술을 반복적 수행 과정을 통해 가시적 결과로 도출해야 하기 때문이며, 이를 실행하는 방법은 다음과 같다.

- 욕구Desire: 배움으로 취득된 기술과 지식을 행동으로 변환되기 위해서는 하고 싶게 자극하는 동기 즉 욕구가 필요하다. 리더는 구성원들을 움직이게 하는 외재적·내재적 동기를 개발 제공해야 한다.
- 목표Target: 욕구는 행동의 방향과 양量, 수준, 시간 등의 제한적 조건 즉 목표가 주어질 때 가시적 결과로 표현될 수 있다. 목표는 모든 자원을 동원할수 있는 합리적 수단이므로, 리더는 구성원들에게 위의

조건이 명시된 명확한 목표 제시가 필요하다.

• 열정Enthusiasm: 열정은 구성원들이 목표를 이루기 위해 동원되는 자원들을 한곳으로 정렬하여 몰입과 지속성을 부여하는 에너지energy 이다.

• 학습Learning: 학습은 구성원들이 미션과 비전 수행 과정에서 필요로 하는 지식, 기술, 방법 등의 습득으로 목표달성에 수월성과 효율성·효과성을 촉진해 주는 역할을 한다. 리더는 목표 수행과정에서 적절한 학습주제, 시기, 방법을 제공할 필요가 있다.

• 습관화Habituation: 습관화는 위의 4가지 실천 요소가 정신적·신체적으로 체득되어 배움에 따른 실천할 조건이 형성되면 상시 수행되는 버릇으로, 욕구-목표-열정-학습이 몸에 젖을때까지 지속함이 필요하다.

3) AI 시대 자기 혁신을 실천하는 리더의 습관

AI 시대 빠른 변화 속에서 자기 혁신을 실천하는 리더는 단순한 지식 습득이 아닌, 현업에 최적화된 리더로서의 주도적이고 실용적인 행동 변화가 요구되며, 필요 역량은 다음과 같다.

• 데이터 기반 의사결정Data-Driven Decision Making: AI 시대에 리더에게 요구되는 우선적 조건은 신뢰도 높은 증빙Evidence에 의한 의사결정이다. 경험에 의한 감感보다 데이터Data에 기반한 의사결정이 우선시된다. 주제에 적합한 전문성을 바탕으로 연결과 협업, 집단지성을 키

우는 습관에 익숙하여야 한다.

- **실험적 사고와 학습**Experimental Mindset & Learning: 수동적 미래의 접근이 아닌 창의적이고 도전적으로 시대에 최적한 얘기를 설계하고 생성해 내는 유연한 전문가를 필요로 한다. 그러기 위해서는 효율과 효과성 중심의 새로운 시도와 접근을 위한 실험과 학습하는 태도가 요구된다.

- **적응력과 유연성**Adaptability & Agility: 산업환경변화와 경쟁우위 선점을 위해서는 연결과 협업 그리고 변화를 민첩하게 수용하고 적응하는 능력이 필수적이다. 환경변화에 적절한 도구 사용과 시장과 경쟁 조건에 유연하게 대응하는 역량이 필요하다.

- **심리적 안정감(**Psychological Safety 조성: 리더의 우선적 조건은 건강신체적, 지적·정신적, 사회·감정적, 영적한 자신을 유지하는 것이다. 그리고 구성원들에게 DEI&B다양성_Diversity, 형평성_Equity, 포용성_Inclusion & 소속감_Belonging를 느끼도록 문화조성이 필요하다. 이 결과 구성원 간 신뢰와 유대감이 형성되고 관계적 연결로 의견이 다르더라도 비판받을 걱정 없이 표현하는 심리적 안정감을 갖게 된다. 자기 혁신을 주도하는 리더는 변화에 적응뿐만 아니라, 변화를 선도하며 끊임없는 학습과 실천으로 조직의 성공을 이끄는 핵심 동력원이 되어야 한다.

AI 시대, 성장하는 조직은 리더가 다르다

김기진

1
성장하는 조직의 리더는 무엇이 다른가?

AI 기술의 급속한 발전과 디지털 전환은 조직 운영의 패러다임을 근본적으로 변화시키고 있다. 이러한 변화의 흐름 속에서, 성장하는 조직과 정체되는 조직 사이의 차이는 더욱 뚜렷해지고 있으며, 그 중심에는 리더십의 본질적인 차이가 자리하고 있다.

기존의 통제와 지시 중심의 리더십은 이제 더 이상 유효하지 않다. 오늘날의 리더는 불확실성을 회피하는 것이 아니라, 오히려 그것을 기회로 삼아 혁신과 성장을 이끌어야 한다. 즉, AI 시대의 리더는 변화의 흐름을 읽고 선제적으로 대응하며, 조직 구성원들과 함께 미래를 설계하는 촉진형 리더십을 실천해야 한다.

이러한 변화는 실제 사례에서도 잘 드러난다. 코로나19 팬데믹이라는 전례 없는 위기 속에서도 빠르게 디지털 전환을 이룬 기업들은, 단순히 기술을 도입한 것이 아니라 리더의 결단과 유연한 사고, 실험을 장려하는 문화를 기반으로 대응하였다. 위기를 도약의 기회로 바꾸는 데 성공한 이들 조직에는 공통적으로 미래를 선도하는 리더의 존재가 있었다.

성장하는 조직의 리더는 '완벽한 계획'보다는 '빠른 실행'과 '지속적 학습'을 중시한다. 이들은 실패를 두려워하지 않으며, 실패를 학습의 자원으로 받아들이고, 작은 규모의 실험을 반복하면서 조직 전체가 함께 배우는 문화를 만들어간다. 이런 문화는 구성원들의 자율성과 창의성을 이끌어내고, 리더와 팀원 간 신뢰를 강화하는 밑거름이 된다.

실제로 구글, 아마존, 마이크로소프트 등 글로벌 선도 기업들은 모두 실험과 학습의 조직 문화를 보유하고 있으며, 구성원들이 실패를 두려워하지 않고 자유롭게 의견을 제시할 수 있는 환경을 조성해왔다. 특히 구글의 '프로젝트 아리스토텔레스Project Aristotle' 연구는 심리적 안전감 Psychological Safety이 높은 팀이 더 높은 성과를 낸다는 사실을 데이터로 입증한 바 있다.

이는 조직이 성장을 이루기 위해서는 단지 기술적 투입만이 아니라, 구성원들이 마음껏 질문하고 제안하고 시도할 수 있는 심리적으로 안전한 공간이 필요하다는 점을 시사한다. 리더는 이러한 환경을 조성하는 핵심 촉진자이며, 구성원 각자가 주도적으로 사고하고 행동할 수 있도록 신뢰와 자유를 제공해야 한다.

결국, 성장하는 조직의 리더는 '답을 제시하는 사람'이 아니라 '질문을 던지고 함께 길을 찾는 사람'이다. AI 시대의 리더는 통제에서 신뢰로, 지시에서 촉진으로, 정답에서 실험으로 전환된 리더십을 실천하며, 끊임없는 변화 속에서도 조직이 지속적으로 성장할 수 있도록 돕는 존재가 되어야 한다.

2

조직을 성장시키는 리더의
3가지 핵심 전략

AI 시대에 조직이 지속적으로 성장하기 위해서는 리더가 실천할 수 있는 핵심 전략이 필요하다. 단순한 관리와 통제를 넘어, 리더는 변화를 주도하고 구성원의 역량을 최대한 이끌어내는 촉진자 역할을 수행해야 한다. 다음은 조직을 성장으로 이끄는 리더십의 세 가지 전략이다.

첫째, 변화 대응력: 불확실성을 기회로 만드는 리더십

빠르게 변화하는 시장 환경에서 조직이 경쟁력을 유지하고 성장하기 위해서는 불확실성을 기회로 전환하는 리더십이 필수적이다. AI와 디지털 기술의 도입으로 조직 운영 방식은 크게 달라졌고, 이에 선제적으로 대응하는 리더는 위기를 기회로 전환한다. 실제로 AI 도입 이후 운영 혁신에 성공한 조직들은 리더의 민첩한 판단과 실행력이 뒷받침되었기에 가능했다.

둘째, 성장형 조직 문화 구축: 실패를 학습의 기회로 전환

성장하는 조직은 실패를 두려워하지 않는 문화를 가지고 있다. 리더는 구성원들이 자유롭게 시도하고 도전할 수 있도록 심리적 안전감을 조성하며, 실패를 학습의 자원으로 전환할 수 있도록 지원해야 한다. 구글, 아마존과 같은 기업들이 보여준 바와 같이, 혁신적인 조직문화의 핵심은 실패를 허용하고 그것으로부터 배우는 환경을 만드는 것이다.

셋째, AI 활용 역량: 데이터 기반 의사결정과 인간 중심 리더십의 조화

AI를 적극적으로 활용하는 리더는 데이터를 기반으로 전략적 결정을 내리며, 동시에 구성원의 감정과 조직 문화의 맥락을 이해하는 감성지능을 함께 발휘한다. 단순히 AI를 도구로 활용하는 데 그치지 않고, 그것을 통해 얻은 정보를 사람 중심 리더십과 연결시켜야 진정한 성과 창출이 가능하다. 데이터와 통찰의 조화, 기술과 인간의 융합이 AI 시대 리더의 핵심이다.

3

변화에 강한 리더십 스킬

　AI 시대의 조직은 빠르게 변화하고 있으며, 이러한 흐름에 발맞춰 성장하기 위해서는 리더가 구체적으로 실행할 수 있는 전략이 뒷받침되어야 한다. 단순히 방향을 제시하는 것을 넘어, 조직 내부에 수평적 소통을 촉진하고 구성원이 자발적으로 참여할 수 있는 환경을 조성하는 것이 핵심이다. 무엇보다 중요한 것은 지속 가능한 학습과 피드백 시스템을 정착시켜, 조직이 끊임없이 성장할 수 있도록 지원하는 것이다. 이를 위한 다섯 가지 실행 전략은 다음과 같다.

첫째, 빠른 실험과 빠른 피드백 시스템 구축

　리더는 AI 기반 데이터를 적극적으로 활용하여 빠르고 정확한 의사결정을 내릴 수 있어야 한다. 동시에 짧은 주기의 실험과 피드백 루프를 운영하여 빠르게 학습하고 개선하는 문화를 정착시켜야 한다. 실패를 두려워하지 않고, 이를 학습의 자원으로 전환하는 환경이 조성될 때, 조직은 민첩하게 변화에 대응하며 지속적인 혁신을 이끌 수 있다.

둘째, 조직 내 AI 도입과 학습 문화 정착

AI를 활용한 자동화 및 데이터 분석을 통해 업무 효율성과 정밀도를 높이는 동시에, 구성원들이 AI 기술을 익히고 적극적으로 활용할 수 있도록 교육과 실습 기회를 지속적으로 제공해야 한다. 아울러 AI 기반 협업 툴을 도입하여 팀 간 정보 공유를 원활히 하고, 업무 프로세스를 최적화하는 체계를 구축해야 한다.

셋째, 사람 중심 리더십을 통해 조직 몰입도 향상

기술 활용 못지않게 중요한 것은 사람이다. 리더는 구성원의 성장과 동기부여를 최우선으로 고려하고, 각자의 강점이 발휘될 수 있도록 환경을 마련해야 한다. 심리적 안전감을 높이고, 자유로운 의견 개진과 도전을 장려하는 문화 조성을 통해 조직 몰입도를 높일 수 있다. 또한, 개방적인 피드백 문화를 확립하여 지속적인 개선과 성과 향상을 이끌어내야 한다.

넷째, 주간 Gen AI 활용 리뷰 미팅 운영

AI 활용을 조직 문화의 일부로 정착시키기 위해서는 정기적인 공유와 피드백이 중요하다. 매주 AI 활용 사례를 공유하고, 성공 및 실패 경험을 나누며 실질적인 활용 방안을 지속적으로 발전시켜야 한다. 이를 통해 AI 기반 업무 최적화 전략이 조직의 혁신 방향과 유기적으로 연계될 수 있도록 한다.

다섯째, 리더의 변화가 곧 조직의 변화

AI 시대의 리더십은 단순한 관리나 통제에 머무르지 않는다. 기술과 인간의 조화로운 발전을 추구하고, 끊임없는 학습과 적응을 통해 변화의 중심에서 조직을 이끌어야 한다. 리더의 변화는 곧 조직의 변화로 이어지며, 이는 조직 전체가 함께 성장하는 기반이 된다.

AI 시대의 성공적인 리더십은 포용성과 지속 가능성을 중심에 두고, 빠른 실험과 피드백, AI 기술의 전략적 도입, 사람 중심 문화 구축을 통해 실현되어야 한다. AI를 단순한 도구가 아닌 조직 문화의 일환으로 정착시키고, 기술과 인간이 함께 성장하는 환경을 조성하는 것이 리더의 핵심 역할이다.

리더의 변화는 결국 조직 전체의 변화로 이어지고, 이는 AI 시대에서 더욱 경쟁력 있는 기업으로 도약하는 원동력이 될 것이다. 끊임없는 학습과 적응, 그리고 개방적인 조직 문화를 통해 AI 시대에 걸맞은 리더십을 실현해 나가야 한다.

AI 시대, 변화 속에서
성장하는 리더의 조건

최규철

1

AI 시대, 리더는
어떻게 변해야 하는가

리더십의 정의는 얼마나 될까? 리처드 대프트Richard L. Daft는 그의 저서
『리더십 경험Leadership Experience』에서 리더십에 대한 다양한 정의를 소
개하며, 학자들이 내린 리더십의 정의가 350가지 이상 존재한다고 언급
한다. 그는 "리더십이란 목표를 달성하기 위해 사람들에게 의미를 부여
하고 방향을 제시하며, 그들에게 영향을 미치는 과정이다."라고 했다. 전
통적인 리더십이 흔들리는 지금, 어떤 리더십을 필요로 할까. 질문은 리
더가 어떻게 변화해야 하는 것으로 귀결된다.

챗GPT에게 AI 시대 필요한 리더십 특징이 바뀌는가 물었다. 눈길을
끄는 점은 빠르게 발전하며 불확실성이 높은 환경에서, 리더는 민첩하고
agile, 유연하게flexible 대응할 수 있어야 한다는 답변이다. 여기에 부합하
는 기억나는 리더가 있을까. 잘 떠오르지 않았다. 30년 넘게 인사담당자
로 있으면서, 그렇게 리더십을 강조하고 좋은 프로그램도 많이 제공했지
만, 막상 필요할 때 준비된 리더를 잘 찾지 못했다. 그게 늘 아쉬웠다. 리
더 자리가 공석이 있을 때마다 누가 적임자일까라는 사장의 질문에 주저
없이 누군가를 이야기하지 못했던 점이 아쉬웠다. 생각해보면 리더십은

시대에 따라 판단과 행동이 달라질 뿐 본질은 그대로이다.

어느 기업은 AI 도구를 잘 활용하는 신입사원에게 문제에 대한 해결안을 가져오라고 한단다. 한참 배우고 경륜을 쌓아야 할 그들은 당황스럽다. 경력은 짧지만, 리더처럼 생각하고 판단해야 하는 상황이 빨리 온 것이다. 담당은 자기 일만 잘하면 되지만 리더십 포지션에서는 구성원이 성과를 낼 수 있도록 팀이나 조직을 관리해야 한다. 처음 매니저가 되었을 때 직속 상사인 임원은 전적으로 나에게 일을 맡겼다. 본인이 업무를 몰라서 일절 간섭하지 않아 한편으로 더 무거운 책임감을 느꼈다. 그러기에 더 고민과 연구를 했던 기억이 난다.

돌이켜보면, 리더가 되었을 때 부족함을 느꼈다. 그리하여 리더십 교육에 참석해 필요한 역량을 학습했다. 리더십 역량이란 우수한 성과를 내는 리더의 행동 특성을 관찰하여 구축한 지식, 기술, 태도의 집합체를 의미한다. 아울러, 상사로부터 개선할 점에 대한 피드백도 구했다. '변화'라는 화두가 업무하는 내내 중심어가 되었다. 염두에 두었던 한 가지는 비즈니스를 더 이해하고 전략적 사고를 어떻게 향상할 수 있을까 하는 점이었다.

AI 시대에도 이 부분은 여전히 중요하다. 데이터 기반에 AI가 충분히 활용되고 리더는 이를 기반으로 전략적 판단을 하는 것이 효율적이기 때문이다. 미·중을 중심으로 AI 기반에 천문학적인 투자를 하고 있으니 엄청난 주목을 받고 있다고 할 수 있다. 인간 리더의 역할변화는 어떻게 될까. 변화의 파고가 쓰나미처럼 몰려올지 알 수 없다. 그 파도를 역행할지 파도를 타고 순항할지 오롯이 선택은 나의 몫이다.

심각한 것은 지금 우리 사회는 진정한 리더십 부재 현상이라는 점이다.

갈등과 반목으로 상대방 흠집 내기에 목숨을 거는 모양새다. 잘한 것을 인정하는 것이 아니라 나 아니면 다 부정하는 형국이다. 어느 기사에서 회사 대표에 AI 경영자를 앉혔다는 글을 본 적이 있다. 영화에서 나올 법한 AI 리더들의 탄생이 확산하면 어떻게 될까. 리더십은 타고나는 것이 아니고 훈련되고 학습되는 것이라면 미래에 불가능한 이야기도 아니다. 우리는 리더십의 무엇을 학습하고 실천해야 할까. 기술적 역량과 인간적 가치의 균형을 어떻게 맞출 것인가는 명제로 남는다.

"리더십은 세상에서 가장 많이 관찰되지만, 가장 이해되지 않는 현상 중 하나이다." 미국의 경영학자 번트James MacGregor Burns가 그의 저서 《Leadership1978》에서 한 말이다. 그래서일까 요즈음 벌어지는 리더십 현상이 이해되지 않는다. 자신을 돌아보지 않고 브레이크가 고장 난 폭주하는 기관차 같다는 생각이 드는 것은 나만의 걱정일까. 외국인 투자 기업에 있을 때 강조했던 리더십 특성들Leadership Imperatives은, 리더가 조직을 성공적으로 이끌기 위해 반드시 갖춰야 하는 핵심 원칙, 행동 지침, 또는 필수 요소들이다. 이런 리더십 특성들을 AI가 잘 학습하고 행동할 수 있는지 미래에 지켜볼 일이다.

이상하게 느낄 수 있으나 리더에게 더 인간적이어야 한다고 주장하고 싶다. 로라 안토스 Laura Antos는 AI 기술적 진보와 인간의 통찰과 균형을 조정하는 것이 AI 시대 리더가 변화해야 할 방향이고, 베스트 리더는 AI에 의해 대체될 수 없다고 강조한다. 무릎을 치며 그 말에 공감한다. 앞으로 변화해야 할 리더의 모습이 자못 궁금하다.

2

내가 만난 최고의 리더는 무엇이 달랐는가

"리더의 첫 번째 과제는 자신이 책임져야 할 것이 무엇인지 아는 것이고, 마지막 과제는 다른 사람들이 자신의 책임을 다할 수 있도록 하는 것이다." 경영학의 아버지라고 불리는 피터 드러커의 말이다. 이 말을 들었을 때는 진정한 의미를 온전히 이해하지 못했다. 하지만 지금, AI가 우리의 일상을 재편하는 이 시대에 와서야 그의 통찰이 얼마나 시대를 앞서갔는지 깨닫게 된다.

오랜 조직 생활에서 많은 리더를 만났다. 국적도 다르고 리더십 스타일도 다양했다. 그중 지금까지 내 뇌리에 진한 여운을 남겨준 독일계 스위스 사장이 떠오른다. 내가 막 교육 담당 팀장으로 승진했을 때였다. 그는 리더십 프로그램을 만들어서 한국 조직 리더들에게 교육하기를 원했다. 당시 외국인 투자기업과 국내기업이 통합 과정 중이었기에 꼭 필요한 과정이었다. 다국적 기업에 맞는 과정 개발을 위해 수많은 리더십 책과 프로그램을 참고했다. 커리큘럼을 짜고 임원들 앞에서 리더십 프로그램 프레젠테이션을 하는데, 사장이 직접 참석했다. 시범 테스트Pilot test 과정인데 직접 검증하겠다는 것이다. 유럽에서 오랫동안 경영자 수업 받아 온 사장이라 많은 프로그램을 접해봤을 테니, 직접 판단해 보고 싶었던 것이다.

마무리 시간에 사장 피드백을 듣고 내가 처음에 과정 개발을 디자인했던 것과 생각의 차이가 있었음을 알게 되었다. 사장이 강조한 것은 '기본에 충실한Back to the basic' 내용이었다. 당시 국내 선두기업도 항상 새롭고 진보된 리더십 과정에 관심이 있었던 시절이라, 과연 이런 기본적인 내용이 참석하는 리더들에게 잘 수용이 될지 담당자로서 망설여졌다. 사장은 나의 주저함을 알았는지 본사에서 전문가를 데려올 테니 프로젝트 끝날 때까지 파트너로 같이 일해보라고 했다. 과정 개발 같이하고 운영까지 하라며, 일을 잘 할 수 있도록 필요한 지원을 해주었다. 자신의 주장을 밀어붙이기보다Push, 내가 성과를 낼 수 있도록 자원Resource을 제공해 주었다.

영국인 교육전문가하고 일한 프로젝트 기간은 나의 열정과 에너지를 마음껏 쏟아 부은 시기였다. 그녀는 나하고 같이 일하면서 느꼈던 관찰내용을 리포트로 정리하여, 한국을 떠날 때 나에게 주었는데 그 디테일과 섬세한 기록이 인상적이었고 고마웠다. 덕분에 나는 교육 매니저Training Manager 역할을 충실히 잘해낼 수 있었다. 외국인 사장은 중국 사장으로 승진 발령이 나서 떠나기 전에 나에게 같이 중국으로 가서 역할을 해주기를 제안했다. 가족 사정이 있어 같이 가지 못함을 설명했을 때 내 결정을 존중해 주겠다고 했다.

아직도 그의 리더십 다섯 가지 특성이 생각난다. 첫째 비전공유Sharing Vision, 둘째 솔선수범Leadership by example, 셋째 다가가서 직접 대화하기 Walk the talk, 넷째 겸손한 질문humble question, 다섯째 끊임없는 개선 Continuous Improvement 노력이다. 당시 주력제품이 시장 점유율 2등 위치에 있었는데 수년 내로 50% 점유할 수 있는 비전과 하나 된 팀을 항상 강조했다. 그 실천을 위해 매년 다양한 팀 활동을 했던 것이 아직도 생생하다.

그는 요청사항이 있으면 항상 내 자리로 와서 직접 이야기하는 것을 실천했으며, 리더에게 같은 방식으로 행동하기를 강조했다. 그의 영어는 어려운 말이 별로 없었다. 부족한 나의 영어 실력을 배려했는지, 쉽고 명료한 단어를 위주로 소통했다. 덕분에 어려움 느끼지 않고 업무를 할 수 있었다. 인사, 조직문화에 관하여 궁금한 것이 있으면 스스로 결론을 내리기 전에, 자신이 이해가 되지 않아서 겸손하게 의견을 물었다. 지속적인 개선업무를 위해 스위스 본사에 속해 있는 전문가들을 한국에 6개월씩 오게 해서 분야별로 같이 협업하게 지원했다. 즉, 일을 통한 학습Learning by doing을 독려했다.

지금도 감사한 점은 한국 구성원들이 역량개발을 위해 글로벌 본사에서 주관한 각종 연수프로그램에 참여하는 것을 아낌없이 지원한 것이다. 필자도 당시에 2주 연수프로그램을 다녀온 후 사장에게 받았던 질문이 기억났다. 참석한 과정에서 무엇을 배웠고, 어떻게 적용해 보고 싶은가? 불필요한 해외연수 보고서엔 관심 없고 현업에서 배운 것을 어떻게 적용하겠다는 판단이 궁금했던 것이다. 즉 끊임없는 개선을 강조한 것을 실천하라는 당부였다.

돌이켜 보면 그의 사고방식과 엄격한 습관으로 힘들어했던 간부들도 있었지만, 그는 조직이 나아가야 할 방향을 분명히 제시했으며, 이를 구성원들과 효과적으로 공유했다. AI 시대에 필요한 리더십 본질essence이 무엇일까. 자문해 본다. 30년 전 그 스위스 사장이 강조하고 보여주었던 리더십 진수가 이 시대에 바뀌었을까? 시대 변화에 따른 행동 특성이 변했을 뿐 여전히 본질은 바뀌지 않았다고 생각한다. 분명한 것은 기본으로 다시 돌아가 충실하게 실천하면 되는 것이다.

주변을 보면 높은 직위에 있는 분들이 말은 현란하지만, 진정성이 없어 공허함을 느낀다. 나 또한 수많은 리더와 함께 일을 했지만, 마음으로 존중하는 리더는 누구일까. 아쉬운 현실이다. 누군가에게 나도 그렇게 느낄 수 있기에 오늘 하루 시작 전에 옷깃을 다시 여민다.

3

AI 시대, 리더십의 위기인가 기회인가

전 세계가 AI 개발에 경쟁적으로 뛰어들고 있다. AI가 급속도로 발전하면서 리더십의 미래에 근본적인 질문이 제기된다. 전통적인 리더의 역할이 AI에 의해 상당 부분 대체될 수 있다는 우려와 함께, 새로운 형태의 리더십이 중요해질 거라고 전망한다. AI 시대의 리더십은 과연 위기인가, 아니면 기회인가. 위기와 기회는 상황에 어떻게 대처하는가에 달려있다.

미국계 투자 기업에 재직할 때이다. 한국 비즈니스에 빨간불이 켜져 있을 때, 미국 본사 최고경영자는 글로벌 전략 컨설팅 업체에 3개월 동안 한국 비즈니스 진단과 도약을 위한 처방을 요구했다. 외부 전문가 관점에서, 위기에 직면한 한국 비즈니스를 어떻게 회복시킬 수 있을지 직접 확인해 보고 싶어 했다. 한국지사 조직 간부들의 불만이 쏟아져 나왔다. 조직의 현실을 잘 모르는 외부 전문가가 3개월 만에 내놓는 처방이 무슨 실효성이 있을지 의구심이 팽배했다.

프로젝트 시작 후 한 달쯤 지났을까. 컨설턴트는 나를 인터뷰했다. 그는 미리 준비해온 질문지 항목을 조목조목 물었다. 조직의 이슈가 무엇인지, 무엇을 먼저 개선해야 하는지. 흔히 간부회의에서 논의했던 주제였다. 하지만 프로젝트 보고회 때 그가 정리한 내용을 보고 놀랐다. 대부분 부서장이 이야기한 내용이지만 일목요연하게 정리를 잘했기 때문이다. 사장을 포함한 일부 임원들은 반발했다. 제시된 핵심 전략이 개인 소비자가 아닌 기업 간 거래를 중심으로 운영되는 당사와 같은 B2BBusiness-to-Business 조직에 맞지 않다는 것이었다. 오랜 격론이 있었지만 기본 골격은 수정되지 않았다. 결국 그 컨설팅 매니저는 미국 최고경영자에게 자기 의견이 반영된 최종 보고서를 제출했다.

우려한 대로 이행계획에 대한 조치가 이루어졌다. 사장이 바뀌는 등 조직과 전략에 중요한 변화가 생겼다. 7년 동안의 매년 성장을 통해 최대의 실적을 달성했다. 문제는 이후였다. 정점을 찍고 하락하는 4년 동안 영업이익이 점차 감소하는 어려움을 겪는, 격동의 시간을 보냈다. 새로운 사장은 의사결정 메커니즘을 바꾸고 경영혁신 활동을 전사적으로 독려했다. 10년 동안 경영진의 혁신 리더십을 통해 회사의 사업 실적은 가시적으로 호전好轉되었다. 그러나 일정 수준 이상의 매출, 이익 달성액이 임계점critical point을 지났는지 더 이상 성장은 이루어지지 않았다. 성장의 한계가 온 것일까? 정상을 지나 하산하는 느낌이었다. 30년 동안 영업만 해온 영업부장은 "우리 비즈니스는 10년 주기로 업 다운이 있습니다. 환경변화를 고려해야만 합니다."라고 어려움을 토로했다.

조직성과가 나지 않으면 회의가 많아진다. 회의 많은 회사치고 잘되는 조직 없다고, 다들 불평했다. 사장은 점점 간부들을 닦달하기 시작했다. 나는 꼭 필요한 경우 아니면 타 부서 회의에 참석하지 않았다. 그렇게 압박Pressure으로부터 해방되고 싶었다. 돌이켜보면 그 영업부장의 논리는 지금 AI 시대에는 맞지 않는다. 워낙 급변하기 때문에 10년 주기의 환경변화를 반영한 사업계획을 추진한다는 것은 과거의 패러다임이었다. 잘

못 판단하면 공장이 문을 닫을 수shutdown도 있다.

　최근에 참석한 채용 콘퍼런스에서 글로벌 출신 컨설팅 강연자의 말이 인상적이다. "AI 시대는 인간으로만 구성된 조직이 아닌 AI와 같이 구성된 슈퍼 팀super team 리딩 스킬이 새롭게 요구됩니다."라고 했다. AI를 잘 다루는 똑똑한 직원이지만, 개인주의 경향이 강하고 사회성이 좀 부족한 구성원들을 어떻게 통합적으로 잘 끌고 갈까. 새로운 리더십이 고민되는 시기이다. 결국 다양한 AI도구를 잘 활용하는 젊은 리더의 탄생은 숙성되지 않으면 조직이 또 다른 위기에 직면하게 될 것이다.

　그렇지만 AI 시대의 리더십은 위기가 아닌 기회라고 강조하고 싶다. 그것은 인간의 본질적 강점인, 공감과 창의성 그리고 윤리적 판단력과 영감을 주는 능력이, 더욱 빛날 수 있는 시대이기 때문이다. AI와 인간이 함께하는 슈퍼 팀을 이끄는 새로운 리더십 모델이 등장한다면, 우리 조직과 사회에 전례 없는 혁신과 성장을 가져올 것이다. 슈퍼 팀 리더에 대한 체계적인 연구 모델이 생각보다 빠르게 나온다면, 구체적으로 어떻게 제시되고 어떤 변화를 가져올 수 있을까?

　영화 '바람과 함께 사라지다Gone with the Wind, 1939'에서 주인공 스칼렛 오하라Scarlett O'Hara의 "내일은 내일의 태양이 뜬다After all, tomorrow is another day"는 마지막 대사가 떠오른다. 어려운 상황속에서도 희망을 잃지 않고 다시 시작하겠다는 의지를 다지는 문구로 지금 힘든 시기에 꼭 필요한 말이다. 최근에 비즈니스 코칭, 커리어 코칭과 인사 컨설팅을 하는 커리어 큐레이팅 연구소를 셋업 중이다. 혼자서 작게 시작한 일이니 큰 욕심은 없다. 단지 오늘부터 할 수 있는 일을 설렘과 기대감으로 찾아 나서자고 다짐한다. AI 시대의 리더십은 위기가 아닌 기회이므로.

4

AI 시대, 리더의 질문

Do you like your job? 오래전에 미국 본사에서 인사 최고 중역이 한국에 방문했을 때 발표가 끝난 후 나에게 던진 질문이었다. 한국 HR 전반에 걸쳐 주요한 설명을 듣고 난 후 여러 질문을 했는데 지금까지 나의 뇌리에 남아있다. 솔직한 심정은 인사업무는 좋아했지만, 노조 관련 업무는 좋아하지 않았다. 왜 그렇게 생각하는지, 다르게 할 방법은 없는지 계속되는 질문은 있었다. 하지만 논쟁의 수준으로 진행되지 않았다. 기억나는 대화는 자기의 전략과 목표를 설명하고, 내가 어떻게 이해하고 있는지 듣고 싶어 했다. 직급은 나보다 높았으나, 내 생각을 알고자 하는 열린 태도가 새로웠다.

가장 어려운 도전은 무엇인가요what is biggest challenge for you? 외국인 투자 기업에서 근무할 때 주요 사안에 대해 리더에게 보고할 때 많이 들었던 질문이다. 지금은 코칭 할 때 고객에게 꼭 하게 되는 질문이다. 리더가 이런 질문했을 때는 애로사항에 도움을 주려는 의도도 있지만 내 능력에 관한 판단을 스스로 느껴보고자 하는 생각도 있지 않았을까 궁금했다.

디지털 전환과 인공지능의 급속한 발전으로 기업 환경은 빠르게 바뀌고 있다. 이러한 변화의 시대에 리더들은 새로운 도전과 기회를 마주하고 있다. 성공적인 리더십을 위해서는 기존의 관리 체계를 넘어서, 더욱 깊이 있는 질문과 해답을 찾아가는 과정이 필요하다. "최고의 리더십은 겸손한 질문에서 나온다." 조직 문화의 대가인 에드거 샤인이 강조한 메시지를 돌아볼 때이다. 사고의 확장을 가져오고 구성원이 생각지 못한 통찰을 던지는 리더의 질문이 코칭리더십과 맥을 같이 한다.

리더의 질문에 대해 답변을 망설인 기억이 있다. 사장과의 리더 동화작용 세션Leader Assimilation Session 과정 이었다. 쉽게 말해 상사와 구성원 간의 궁합을 맞춰가는 시간이다. 조직에서 새로운 사장이 빠르게 적응하고 효과적으로 팀을 이끌어 나가기 위해, 도움이 되기 위해 설계된 구조화된 워크숍 때였다. 정리하는 시간에 사장은 참석한 임원들에게 물었다. "내가 꼭 바뀌었으면 좋겠다고 생각하는 점이 있으면 말해주세요." 사장이 온 지 6개월이 채 안 되었을 시기였기에 아직 충분한 신뢰 관계나 열린 소통이 확보되지 않은 때여서 솔직한 답변을 망설였다. 비슷한 방식으로 부서원들과 했을 때 그들도 주저하는 것을 보았다. 한국 문화에서 아직 이런 소통이 익숙하지 않은 것은 누구의 책임인가.

AI 도구를 잘 활용하는 디지털 환경에서, 때로는 리더보다 구성원의 학습 속도가 더 빠르다. 따라서 리더가 자신의 취약성Vulnerability을 보여줄 필요가 있다. 리더의 취약성이란 리더가 자신의 한계, 실수, 불확실성, 감정을 숨기지 않고 솔직하게 인정하는 능력과 태도를 의미한다. 리더는 강해야 한다는 고정관념에 매몰되어 부족함이 있는데, 그 취약성을 구성원들에게 숨긴다면 신뢰 있는 리더와 구성원 관계는 형성되지 않는다. 하지만 "저만큼 힘든 사람은 없을 겁니다."라든지 "나도 잘 모르고 어떻게 해야 할지 모르겠으니 알아서 하세요."라는 방식은 리더가 취약성을 잘못 활용하는 예이다. 바람직한 것은 어떻게 함께 해결해 나갈 것인가. 그것이 구성원에 대한 리더십 실행이다.

기술 기반이 강한 글로벌 컨설팅회사에 인사부장으로 근무했을 때 적응하기가 어려웠다. IT 기술 학습 속도가 빠른 편이 아니라서 계속 바뀌는 기술 시스템에 적응하는 데 시간이 필요했다. 계속되는 최고경영진으로부터 요구사항은 많은데 맞추기가 어려웠다. 설상가상으로 핵심 구성원들이 내가 입사하는 시점에 연이어 퇴사했다. 헤쳐 나가기에 관리해야할 시스템이 많고 갑자기 늘어나는 컨설턴트 채용은 어려웠다. 답답했고 일은 점점 쌓여 퇴근 시간이 계속 늦어졌다. 사무실 창문을 통해 바라보는 여의도 창가의 네온사인 불빛을 보면서 나의 한계를 절감切感했다. 부서 상황을 모르는 상태에서 회사 명성만을 보고 성급히 판단한 내 실수였다. 결국, 일과 생활의 균형Work life balance을 잊은 지 1년이 다 돼가는 시점에 이직을 결심했다.

AI 시대, 리더는 구성원들이 AI 도구를 어떻게 받아들이는지, 얼마나 민첩하게 학습하는지, 또한 협업을 어떻게 잘하고 있는지, 궁금증이 생긴다. 리더가 다 알 수도 없으니 구성원에게 관계 맺기 질문을 하는 것이 의미 있다. 샤인이 강조한 겸손한 질문Humble Inquiry을 주목한다. 리더가 답을 정해놓고 하는 형식적인 겸손한 질문의 방식은 구성원이 불편하게 느끼니 조심할 필요가 있다. 샤인이 주제어로 제시한 "겸손한 질문Humble Inquiry"이란, 상대방에게 진정한 관심을 가지고 열린 태도로 질문함으로써 더 깊은 이해와 신뢰를 구축하는 커뮤니케이션 방식이다.

AI 시대 리더가 고민해야 할 핵심 질문 5가지는 무엇일까? 첫째 AI를 활용하여 더 나은 결정을 어떻게 내릴 수 있는가. 둘째 우리 조직은 AI를 통해 어떤 가치를 창출할 수 있는가. 셋째 AI와 인간의 역할을 어떻게 조화롭게 설계할 것인가. 넷째 AI 시대에도 변하지 않는 리더십의 본질은 무엇인가. 다섯째 AI가 가져올 변화 속에서 우리는 어떻게 지속해서 학습하고 적응할 것인가. 당장 정답을 찾을 수 없지만, 성공으로 가는 문을 하나씩 통과하는 숨겨진 수수께끼를 풀어내는 과정이다.

AI 시대, 리더도 불안하다. 미래에 어디까지 기술이 확장될지, 그 상황에서 인간의 역할이 어떻게 될지 불확실하기 때문이다. 그러기에 구성원들과 함께 고민하고, 나누고, 해결책을 찾아가는 모습은 자연스러운 것이다. 예시한 5가지 질문을 통해 조직이 AI 시대에 적절하게 적응하고 성장하도록 이끄는 것, 이것이 바로 AI 시대 리더의 핵심 과제일 것이다. "좋은 리더는 좋은 질문을 던질 줄 아는 사람이다." 예전에 미국 본사 최고경영자가 던진 말이 귓가에 다시 울림을 주는데, AI가 답한 메시지와 맥을 같이 하는 것은 우연일까.

2부

AI와 함께 성장하는 조직

AI 기반 조직 문화 혁신 전략

김택수

1

AI 시대, 조직 문화 재설계의 필요성

　회사에서 A/S 기술직 교육을 이러닝e-learning 형태로 전환하는 업무를 처음 맡았을 때, 기대와 걱정이 동시에 밀려왔다. 새로운 학습 방법이 조직의 발전에 기여할 수 있을 것이라는 확신은 있었지만, 구성원들이 이를 어떻게 받아들일지에 대한 우려도 컸다. 당시 조직은 전통적인 대면 교육 방식에 익숙했으며, 강의실에서 직접 교육을 받는 것이 '제대로 된 학습'이라는 인식이 강했다.

　이러닝을 처음 도입했을 때 구성원들의 반응은 차가웠다. "화면만 보고 공부해서 과연 효과가 있을까?", "현장에서 배우는 게 더 낫지 않나?"와 같은 회의적인 반응이 많았다. 관리자들은 교육의 효과성에 의문을 제기했고, 직원들은 익숙하지 않은 학습 방식에 부담을 느꼈다. 일부는 단순히 번거로운 시스템이 하나 더 추가된 것이라며 부정적인 태도를 보이기도 했다.

　이러한 반응에도 불구하고, 약 1년에 걸쳐 파일럿 그룹을 운영하며 자발적으로 참여할 의사가 있는 팀을 선정해 소규모로 이러닝e-learning 시범을 진행했다. 피드백을 수렴해 콘텐츠를 보완하고, 구성원들이 이러닝의 효과를 직접 체감할 수 있도록 노력했다. 긍정적인 경험을 한 팀원들이 이를 자발적으로 공유하면서 조직 내 분위기는 점차 긍정적으로 전환되기 시작했다.

이 경험을 통해 얻은 가장 큰 교훈은 새로운 학습 방식을 조직에 도입할 때 단순히 시스템을 구축하는 것이 아니라, 조직 문화 자체를 변화시키는 일이라는 점이다. 무엇보다 중요한 것은 기술이나 시스템 그 자체가 아니라, 구성원들의 마음을 움직이는 것이다. 구성원들이 직접 체감하고, 변화의 필요성을 인식할 때 비로소 진정한 변화가 시작된다.

필자의 이러닝 경험과 지금의 AI 시대의 변화는 조직에 미치는 임팩트와 구성원의 수용도 등 여러 측면에서 비교가 안 될 것이다. 하지만 새로운 것을 수용하고 변화해야 한다는 대전제는 동일하다고 생각한다. 특히 AI는 단순히 흘러가는 유행이 아니라 미래의 기업 생존과 직결되는 핵심 경쟁력이 될 것이 확실하기 때문이다. 따라서 AI 시대에 효과적으로 적응하기 위해서는 시스템 도입에 앞서 변화를 적극적으로 받아들이려는 조직 문화의 재설계가 우선시 되어야 한다.

여기서 잠깐 정규분포 관점에서 변화와 혁신의 과정을 설명하고자 한다. 정규분포 곡선은 데이터가 평균을 중심으로 대칭적으로 분포하는 형태를 보이는 것으로 변화와 혁신의 수용 과정도 비슷한 패턴을 따른다. 이를 "혁신 확산 이론Innovation Diffusion Theory"과 연관 지어 보면 조직이나 사회에서 새로운 아이디어, 기술, 또는 변화가 수용되는 방식이 어떻게 진행되는지 이해할 수 있다.

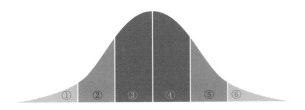

[그림] 정규분포(normal distribution)

*출처: 한양뉴스포털(www.newshyu.com/news/articleView.html?idxno=825445)

① 혁신가Innovators, 2.5%

변화의 선도 그룹으로, 새로운 기술이나 아이디어를 가장 먼저 받아들이는 사람들이다. 이들은 위험을 감수하고 실험적 접근을 좋아한다.

② 초기 수용자Early Adopters, 13.5%

혁신을 빠르게 받아들이고 이를 조직이나 사회에 확산시키는 역할을 한다. 이들은 다른 사람들에게 영향을 미치는 리더 역할을 하며, 변화의 촉매제 역할을 한다.

③ 초반 대다수Early Majority, 34%

어느 정도 변화가 안정적으로 검증된 후에 수용하는 그룹이다. 신중하지만 변화를 수용하는 경향이 있으며, 사회의 주류로서 혁신이 확산되는 데 중요한 역할을 한다.

④ 후반 대다수Late Majority, 34%

변화에 대한 저항이 있지만, 주변의 많은 사람들이 변화를 받아들이면 따라가는 그룹이다. 안정성과 확신이 있어야 변화를 수용한다.

⑤ ~ ⑥ 지각 수용자Laggards, 16%

변화에 가장 마지막까지 저항하는 그룹으로, 기존 방식에 대한 강한 신념을 가지고 있다. 사회적 압력이나 환경 변화에 의해 어쩔 수 없이 변화에 적응하게 된다.

필자가 이러닝을 조직에 도입할 때도 정규분포와 비슷한 경향을 보였다는 것을 알 수 있을 것이다. 따라서 변화와 혁신에 발빠르게 적응하는 조직이 되기 위해서는 우리 조직에 혁신가와 초기 수용자가 다수 존재해야 한다. 그렇다면 급변하는 디지털 혁신 시대에 '우리 조직은 얼마나 많은 혁신가와 초기 수용자가 있는가?' 한번 진지하게 생각해 볼 필요가 있을 것이다.

AI 시대에 우리 조직의 문화를 재설계해야 하는 이유는 바로 이 때문이다. 혁신가와 초기 수용자들이 과감히 앞장서서 변화와 혁신의 큰 파도를 넘을 수 있게 말이다.

2

AI를 활용한
조직 운영 사례와 적용 방안

오늘날 국내의 다양한 기업들은 산업 전반에서 인공지능AI을 도입하여 업무 효율성과 서비스 품질을 동시에 향상시키고 있다. 실제 사례를 살펴보면, AI는 더 이상 미래의 기술이 아닌, 기업 경쟁력의 핵심 요소로 자리잡고 있음을 확인할 수 있다. 이러한 선도 기업들의 AI 활용 사례를 벤치마킹함으로써 우리 조직도 AI를 효과적으로 도입하고 운영하는 방안을 고민해 볼 수 있을 것이다.

주요 기업들의 AI 활용 사례는 다음과 같다.

- LG전자: 데이터 분석 자동화 시스템을 구축하여 제품 기획 및 개발 부서에서 SQL 코드를 자동 생성. 비전문가도 손쉽게 데이터 분석 가능하도록 지원하여 업무 효율성 향상.
- 현대오토에버: '에이치 챗'이라는 AI 기반 업무 지원 도구를 도입하여 회의록 요약, 이메일 작성, 번역 등의 기능을 통해 생산성을 극대화.
- KT: 네트워크 관리 AI 시스템 'AI 마이스터'와 'AI 오퍼레이터'를 도입하여 장비 상태를 분석하고 현장 대응을 지원. 네트워크 안정성과

운영 효율성 개선.

- SK브로드밴드: 고객 응대 챗봇 '챗비 2.0'을 통해 맞춤형 상담, 서비스 안내, 예약 및 요금 처리 등 고객 경험을 향상.
- 카카오엔터테인먼트: 사용자 취향 기반 콘텐츠 추천 시스템을 도입하여 웹툰·웹소설 이용자 경험을 개인화.
- CJ대한통운: AI 예측 시스템을 활용하여 물류 수요를 정확히 예측하고 운영 최적화.
- 신한은행: AI 음성봇 '쏠리'를 통해 고객 응대 자동화. 자금세탁 리스크 측정 모델 도입으로 금융 범죄 예방 기여.
- 대웅제약: 신약 후보 물질을 발굴하는 AI 신약개발 시스템 '데이지 DAISY'를 운영하여 개발 성공률과 속도 향상.

이러한 사례를 통해 AI는 단순한 기술을 넘어 기업의 핵심 전략 도구로 자리매김하고 있음을 알 수 있다. 그렇다면 우리 조직에서는 어떤 방식으로 AI를 도입하면 효과적일까? 다음은 실제 적용 가능한 AI 활용 방안이다.

① 업무 자동화: 반복적이고 시간이 많이 소요되는 업무예: 데이터 입력, 보고서 작성 등를 AI로 자동화하여 직원의 시간과 에너지를 보다 창의적인 업무에 집중할 수 있도록 한다.
② 데이터 분석 및 의사결정 지원: 방대한 데이터를 분석하고 주요 인사이트를 도출함으로써 보다 정확하고 전략적인 의사결정을 지원한다.
③ 개인화 서비스 제공: 고객 및 직원의 행동 데이터를 기반으로 맞춤

형 추천, 서비스, 교육 프로그램 등을 제공하여 만족도와 몰입도를 높인다.

④ 예측 및 리스크 관리: 고객 행동, 시장 변화, 장비 고장 등을 사전에 예측하고 대비함으로써 운영 리스크를 줄이고 비즈니스 연속성을 확보한다.

⑤ 창의적 업무 지원: 콘텐츠 제작, 디자인, 프로그래밍 등 창의적인 업무를 AI가 보조함으로써 생산성과 품질을 동시에 향상시킨다.

우리 조직의 특성과 목표에 맞춰 위와 같은 영역에 단계적으로 AI를 도입한다면, 업무 효율성과 전략적 경쟁력을 동시에 확보할 수 있을 것이다. 그러나 핵심은 AI를 단순한 기술이 아니라, 조직 성장의 동력으로 인식하고 전략적으로 활용하는 리더십의 실행에 있다.

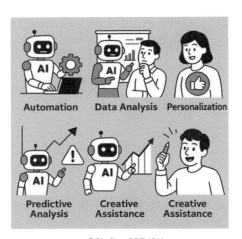

출처: ChatGPT 생성

3

AI 도입에 대한 조직 내
수용성 극대화 전략

인공지능AI은 더 이상 미래의 기술이 아니다. 이미 우리의 삶과 업무에 깊숙이 들어와 있으며, 다양한 산업과 직무에서 실제로 활용되고 있다. 하지만 AI를 조직 내에 성공적으로 도입하는 일은 여전히 쉽지 않다. 직원들의 반발, 변화에 대한 두려움, 기술에 대한 불신 등 다양한 심리적·문화적 장애물이 존재하기 때문이다.

무엇보다 중요한 점은, AI에 대한 구성원들의 수용도가 각기 다르다는 사실이다. 변화 수용의 흐름은 흔히 정규분포 곡선을 따른다. 어떤 이는 변화에 기꺼이 뛰어들고, 일부는 조심스럽게 지켜보며, 또 다른 일부는 끝까지 망설인다. 이렇듯 AI 도입은 단기간에 끝나는 일이 아니라, 전사적인 단계별 접근이 필요한 복합적 변화 과정이다.

그렇다면 어떻게 하면 조직이 AI를 자연스럽게 받아들이고, 적극적으로 활용할 수 있을까? AI 도입의 '성공 확률'을 높이는 전략을 간단히 살펴보자. 모든 기업에 똑같이 적용될 수는 없겠지만, 우리 조직의 상황을 고려해 유용한 인사이트를 얻길 바란다.

첫째, 목표를 명확히 하라. AI가 조직에 필요한 이유를 구체적으로 설명해야 한다. 단순한 기술적 유행이 아니라, 생산성 향상과 창의적 업무 지원이라는 실질적 이점을 강조해야 한다.

둘째, 리더가 앞장서라. 조직의 리더가 AI를 먼저 활용하고 그 성과를 공유함으로써 구성원들의 신뢰를 얻어야 한다. 리더의 태도가 곧 조직 전체의 태도를 결정짓는다.

셋째, AI는 적이 아니다. AI는 인간의 일자리를 빼앗는 존재가 아니라, 반복적이고 비효율적인 업무를 대신해 줌으로써 구성원이 더 가치 있는 일에 집중할 수 있도록 돕는다. 이를 위해 재교육과 직무 전환 기회를 함께 제공해야 한다.

넷째, 구성원과 소통하라. AI 도입은 일방적으로 통보할 일이 아니다. AI 도입의 목적, 기대 효과, 구성원의 역할 변화 등을 투명하게 공유하고, 구성원의 의견을 적극 반영하는 소통이 필요하다.

다섯째, 윤리를 고려하라. AI 활용 가이드라인을 마련하고, 공정성과 투명성을 유지해야 한다. 기술의 편의성만이 아니라, 신뢰할 수 있는 운영이 중요하다.

여섯째, 작은 성공을 공유하라. AI 도입 효과를 수치화하고, 초기 성공 사례를 적극적으로 홍보해야 한다. 구성원들의 실제 경험을 공유하면 AI에 대한 신뢰와 관심이 높아진다.

AI를 성공적으로 도입하기 위한 전략을 간단하게 살펴보았다. AI가 업무에 도움이 된다는 것은 이제 누구나 알고 있다. 하지만 막상 도입하려고 하면 직원들은 "이거 내 일자리 빼앗는 거 아냐?", "이거 진짜 효과 있는 거 맞아?"라며 의심부터 하기 마련이다. 기술이 아무리 좋아도, 조직이 그것을 받아들이지 않으면 소용이 없다.

AI 도입은 단순한 기술 적용이 아니라, 조직 문화를 변화시키는 과정이다. 조직문화 차원의 전략적 접근을 통해 AI가 조직에 자연스럽게 스며들도록 해야 한다. 그렇다면 AI 도입에 대한 거부감을 최소화하고, 조직 전체가 AI 혁신을 자연스럽게 받아들이도록 만들려면 어떻게 해야 할까? 핵심은 바로 '조직 문화'에 있다. 바로 조직의 변화다.

AI 도입은 단순한 기술 도입이 아니라 조직 문화의 혁신을 의미한다. 아무리 뛰어난 기술이 있어도, 이를 받아들이고 활용할 준비가 되어 있지 않다면 무용지물이다. 결국, AI 도입의 성패를 가르는 핵심은 기술 자체가 아니라 조직 문화와 구성원들의 마인드 변화에 달려 있다.

직원들이 AI를 부담 없이 받아들이고, 적극적으로 활용할 수 있도록 하기 위해서는 체계적인 전략이 필요하다. 이를 위해 AI 전문가를 확보하고, 사내 AI 교육을 강화하며, AI 친화적인 조직 문화를 형성하고, 외부와 협력하는 전략을 추진해야 한다.

AI는 도구일 뿐 아니라 기업 혁신의 촉진제이므로, 조직 전체가 AI를 이해하고 활용할 수 있도록 변화하는 것이 무엇보다도 중요하다. 기술이 아니라 '사람'을 중심으로 AI 도입을 추진한다면, 조직 내 AI 수용성을 극대화할 수 있을 것이다.

끝으로 AI 도입에 대한 조직 문화의 수용성을 높이기 위한 몇 가지 방안들을 추가적으로 제시해 보았다. 이제, 당신의 조직이 AI를 '기회'로 받아들일 준비가 되어 있다면 우리 조직에 바로 적용해 볼 수 있는 방안들을 찾아 주저하지 말고 혁신가의 도전정신을 갖고 즉시 실행해 보자.

AI를 조직에 자연스럽게 정착시키기 위해서는 무엇보다 사람 중심의 접근이 중요하다. 구성원들이 AI를 부담 없이 받아들이고, 적극적으로 활용할 수 있도록 하기 위해서는 체계적인 전략이 필요하다. 이를 위해 다음과 같은 추가 실천 방안을 제안한다.

AI를 '특별한 것'이 아닌 '일상적인 것'으로 만들기

사람들은 새로운 것에 대해 본능적인 거부감을 갖는다. AI도 마찬가지다. 하지만 AI가 일상적인 업무에 자연스럽게 녹아드는 환경을 조성하면, 구성원들은 저항감 없이 익숙해질 수 있다.

AI를 소소한 일부터 적용하라. 이메일 자동 응답, 일정 관리, 문서 요약 등 매일 사용하는 기능을 AI로 처리하며 친숙도를 높인다.

'AI 활용 챌린지'를 운영하는 것이다. "한 달 동안 가장 유용했던 AI 기능을 공유해 주세요!"와 같은 사내 이벤트를 통해 자발적 참여를 유도할 수 있다.

A기업은 AI 기반 자동 문서 정리 기능을 도입했지만, 처음에는 활용도가 낮았다. 그러나 '문서 정리 챌린지'를 운영한 이후 직원들의 자발적인 참여가 늘었고, 결국 해당 기능은 조직의 필수 도구로 자리 잡았다.

AI 교육을 '지루한 강의'가 아닌 '재미있는 경험'으로 바꾸기

AI에 대한 거부감은 주로 '모른다'는 불안에서 비롯된다. 그러나 교육이 딱딱하고 지루하면 학습 동기 자체가 사라지게 된다. 게임 기반 실습형 교육을 도입하라. 직원들이 직접 문제를 해결하며 배우는 방식은 흥미와 몰입을 동시에 유발한다. AI 활용 아이디어 공모전을 열고, 직원들이 AI를 활용한 아이디어를 제안하고, 실제로 이를 실행할 수 있는 기회를 제공하는 것이다.

B기업은 AI 기반 고객 응대 시뮬레이션 게임을 개발해 도입했다. 직원들이 재미있게 참여하면서 AI 기술에 대한 이해와 활용도가 자연스럽게 높아졌다.

AI는 단순한 도구가 아니라 기업 혁신의 촉진제이다. 조직 전체가 AI를 이해하고 활용할 수 있도록 문화적으로 변화해야 하며, 그 출발점은 사람이다. 기술보다 사람, 시스템보다 문화가 우선이다. 조직 문화 중심의 접근을 통해 AI에 대한 수용성을 극대화할 수 있으며, 그것이 곧 미래 생존을 위한 핵심 전략이 될 것이다.

AI 시대, 리더의 성장이
조직의 경쟁력이다

마은경

1

AI 시대, 리더에게 필요한 새로운 모습

AI 시대가 본격적으로 도래하면서, 리더의 역할은 단순한 업무 관리 수준을 넘어서 조직 전체의 생존과 지속 가능한 성장, 그리고 경쟁력을 좌우하는 핵심 요소가 되었다. 이러한 시대적 변화 속에서 리더는 어떤 자세를 가져야 할까?

필자는 조직에서 다양한 유형의 리더들을 만나왔다. 그중 특히 인상 깊었던 두 리더의 모습은 AI 시대 리더십의 방향성을 명확히 보여준다.

첫 번째 리더는 새로운 지식과 아이디어에 대한 열정이 넘쳤다. 그는 강연이나 책을 통해 얻은 통찰을 팀과 적극적으로 공유하고, 이를 실제 업무에 적용할 방안을 끊임없이 고민했다. 의미있는 도전과제를 제안하고, 팀과 함께 학습과 실험을 반복하며 조직의 성장 기반을 다져갔다. 물론 이러한 과정은 부담스러울 때도 있었지만, 결과적으로 구성원 모두의 성장과 유연한 조직 진화로 이어졌다.

반면, 또 다른 리더는 "나는 업무는 잘 모른다. 문제는 담당자가 해결하고, 필요한 전문성은 외부에서 찾자"는 입장을 고수했다. 겉보기에 효율적인 접근처럼 보였지만, 조직은 내부적으로 방향성을 잃고 표류하는 듯한 모습을 보였다. 구성원들은 개별적으로 성장했을 수 있으나, 조직 전체의 역량은 응집되지 못했고, 지속 가능한 발전으로 이어지지 못했다.

이처럼 AI 시대의 기술 발전과 디지털 환경의 변화 속도는 리더에게 새로운 리더십을 요구하고 있다. 단순한 관리자형 리더는 더 이상 충분하지 않다. 오늘날의 리더는 탐험가형 리더Explorer Leader로 진화해야 한다. 새로운 것을 시도하고, 실험하고, 빠르게 학습하며, 실패를 통해 교훈을 얻는 리더십이 요구된다.

AI 시대의 변화 속도와 복잡성을 고려할 때, 탐험가형 리더십은 조직의 지속 가능한 성장과 경쟁력 확보를 위한 필수 역량이다.

1) 기존 리더 vs AI 시대의 리더

기존 리더들은 업무 추진에 있어 경험과 직관에 크게 의존했다. 오랜 시간 축적된 지식과 업계에 대한 통찰이 핵심 경쟁력이었고, 의사 결정도 이에 기반했다. 그러나 AI 시대의 도래와 함께 리더십의 본질이 변화하고 있다.

AI 시대의 리더는 '관리자'가 아닌 '탐험가'가 되어야 한다. 지식의 반감기가 급격히 짧아지는 환경 속에서는 과거의 경험만으로는 경쟁력을 유지하기 어렵다. 리더는 빠르게 학습하고, 데이터를 해석해 전략을 수립하며, AI와 협업할 줄 아는 사고 전환이 필요하다. 리더의 데이터 기반 사고력과 디지털 역량이 조직 경쟁력의 핵심이 된 것이다.

업무 방식도 디지털 중심으로 재편되며 반복 업무의 상당 부분은 이미 AI에 의해 대체되고 있다. 세스 고딘은 그의 저서 『린치핀』에서 "지도가 없는 세상에서는 지도를 그리는 사람이 가장 가치 있다"라고 강조했다.

이는 AI 시대 리더가 기존의 길을 따르는 것이 아니라, 스스로 새로운 길을 개척해야 함을 시사한다.

과거에는 지시형 리더십이 효과적이었지만, 이제는 창의적이고 도전적인 인재가 조직의 핵심이 된다. 이들을 이끌기 위해 리더는 안정적인 관리자에서 기업가적 마인드를 갖춘 창조적 탐험가로 전환해야 한다. 불확실성을 기회로 전환하고, 실험과 학습을 통해 새로운 비즈니스 모델을 만들어 가는 리더십이 요구된다.

끊임없이 변화하는 비즈니스 환경에서 민첩하게 적응하고, 창의적 사고를 바탕으로 새로운 가능성을 발견하는 탐험가형 리더야말로 AI 시대 조직의 지속 가능한 성장을 이끄는 핵심 존재다.

2) 리더에게 필요한 핵심 역량

팬데믹을 거치며 기업들은 빠르게 디지털 중심으로 사업을 전환할 필요성을 절감했다. 이에 따라 필자는 삼성, 현대, SK 등 대기업뿐만 아니라 배달의민족, 쿠팡과 같은 유니콘 기업, 그리고 디지털 금융 혁신을 주도한 토스와 카카오뱅크 등을 포함한 40여개 기업의 교육·인사 담당자들을 인터뷰하며 디지털 전환DX 역량 모델링을 진행했다.

이 과정에서 가장 크게 느낀 점은 조직이 빠르게 수평화되고 있으며, 비즈니스 모델 전환 속도가 더욱 가속화되고 있다는 것이었다. 변화의 속도가 빨라질수록 조직원들에게 요구되는 역량 또한 완전히 달라지고 있었다.

인터뷰를 거듭하면서 한 가지 중요한 통찰을 얻었다.

"누가, 언제, 무엇을 리딩할지 모르는 세상이 오면, 결국 모두가 리더가 되어야 한다."

이 통찰을 바탕으로 나는 5~6년 전 구축했던 디지털 전환 역량 모델을 생성형 AI 발전과 고객 피드백을 반영하여 재정의했다. 기존처럼 리더와 조직원의 역량을 구분하던 방식에서 벗어나, 모든 구성원이 갖추어야 할 핵심 역량으로 '3X' 모델을 제시한다.

3X 모델: AI 시대 리더의 핵심 역량

'3X'에서 'X'는 단순한 Transformation전환이 아니라, Experience경험을 기반으로 한 총체적 변화를 의미한다. 이는 고객, 직원, 파트너와의 경험을 중심으로 비즈니스 모델, 조직 문화, 업무 방식 전반을 혁신하며 지속적으로 진화하는 것을 강조한다.

이에 따라 AI 시대 리더에게 요구되는 세 가지 핵심 역량을 다음과 같이 제시한다.

- FXFormula Transformation: 기존의 업무 방식을 혁신적으로 재정의하는 능력
- LXLeadership Transformation: 변화하는 환경에서 영향력을 발휘하는 새로운 리더십 방식
- MXMindset Transformation: 지속적으로 변화하는 환경에 적응하는 사고 방식

	Fx Formula Transformation			Lx Leadership Transformation			Mx Mindset Transformation	
	AI/디지털 리터러시			리더십			마인드셋	
AI/디지털 기초능력	AI/디지털 사고능력	AI/디지털 실행능력	기업가형 리더	애자일 리더	플랫폼 리더	창조적 마인드셋	디자인 마인드셋	휴먼 마인드셋
AI/디지털 이해	고객중심 사고	디지털 소통	맥락감지	학습 민첩성	네트워크 조직구축	탈프레임	가치발견	자기혁신
AI/디지털 활용	데이터기반 사고	디지털 협업	포괄적 통찰	전략적 상황대응력	경험 설계	창조적 자신감	개념설계	다양성 존중
AI/디지털 보안	융복합적 사고	디지털 창조	비즈니스 이니셔티브	조직 복원력	촉진적 지원	성장 마인드	반복적 개선	공감적 유대감

FXFormula Transformation: **AI/디지털 기반 업무 방식 전환**

AI와 디지털 기술이 확산되면서 업무 방식도 근본적으로 변화하고 있다. 그러나 이는 단순한 기술 도입이 아니라, 경험과 직관을 보완하는 도구로 AI를 활용하는 방향으로 가야 한다.

리더로서 중요한 것은 데이터를 활용해 더 나은 의사결정을 내리고, 기존 경험을 디지털 기술과 결합해 조직의 경쟁력을 강화하는 것이다. 이를 위해 다음과 같은 역량이 필요하다.

- AI/디지털 기초 능력 → AI의 기본 원리를 이해하고, 이를 업무에 적용하며, 윤리적 관점을 고려하는 역량
- AI/디지털 사고 능력 → 데이터 기반으로 고객 경험을 향상시키고, 새로운 가치를 창출하며, 다양한 분야의 통찰을 연결해내는 사고 역량
- AI/디지털 실행 능력 → AI 및 디지털 기술을 바탕으로 소통과 협업하며, 창의적으로 문제를 해결하는 역량

디지털 전환은 리더십의 대체가 아니라, 리더십을 확장하는 과정이다. 조직과 개인 모두 AI 활용 역량을 지속적으로 개발하고, 변화 속에서도 주도적으로 대응하는 능력을 길러야 한다.

LXLeadership Transformation: **탐험가형 리더십으로의 전환**

AI 시대에도 리더십의 본질은 변하지 않는다. 하지만, 과거의 경험과 직관만으로는 빠르게 변화하는 환경에서 충분한 경쟁력을 갖기 어렵다. 기존 리더십에 데이터 기반 사고, 신속한 실행력, 유연한 협업방식이 더해져야 한다.

이를 위해 리더는 세 가지 리더십 역량을 갖춰야 한다.

- 기업가형 리더 → 변화의 흐름을 읽고, 새로운 비즈니스 모델을 주도적으로 창출하는 역량
- 애자일 리더 → 빠르게 학습하고, 전략적 실험을 실행하며, 조직을 탄력적으로 운영하는 역량
- 플랫폼 리더 → 조직 내부의 역량만으로 변화를 주도하기 어려운 시대에, 내·외부 네트워크를 구축하고 협업을 촉진하는 역량

이처럼 세 가지 리더십 역량을 갖춘 리더는 변화를 읽고 과감하게 도전하며, 조직 내·외부 협업을 촉진하는 역할을 수행하게 된다. 이러한 역량의 조화가 AI 시대에 조직의 지속가능한 성장을 이끄는 핵심 요소다.

MXMindset Transformation: **인간 중심의 사고 방식 전환**

기술의 발전 속에서 기존의 사고방식을 전환하는 것은 필수적이다. 전

환에는 기술도 필요하지만, 그 중심에는 언제나 사람이 있어야 한다. 그렇기에 창조적 마인드셋, 디자인 마인드셋, 휴먼 마인드셋이 요구된다.

- 창조적 마인드셋 → 고정관념에서 벗어나 새로운 가능성을 탐색하고, 성장형 사고방식을 바탕으로 창조적 자신감을 키우는 태도
- 디자인 마인드셋 → 새로운 시각에서 가치를 발견하고, 실행과 피드백을 거듭하며 최적의 해결책을 찾아가는 사고방식
- 휴먼 마인드셋 → 기술이 발전하더라도 인간이 중심이 되어야 한다는 인식을 바탕으로, 공감과 유대감을 형성하는 태도

이러한 세 가지 마인드셋을 통해 개인과 조직은 더욱 창의적이고 지속 가능한 성장을 이끌어갈 수 있다.

3X 모델을 당장 실천하기 위해서는 대대적 변화가 아닌 작은 실험부터 시작할 수 있다. 예를 들어, 주간 회의에 'AI 인사이트 타임'을 5분 추가하거나FX, 특정 프로젝트의 완전한 책임과 권한을 팀원에게 위임해보는 LX 소규모 시도부터 시작하는 것이다. 핵심은 이론에 그치지 않고 즉시 행동으로 옮기는 것이다.

모든 변화와 역량의 근본적인 토대는 리더의 지속적인 학습과 성장이다. DX 역량 모델링 과정에서 디지털 전환의 핵심 성공 요인은 리더가 새로운 개념과 기술을 빠르게 습득하고, 실패를 통해 효과적으로 학습하는 능력이라는 점을 확인했다.

마이크로소프트 CEO 사티아 나델라는 이렇게 말했다.

"아는 것보다 배우는 능력이 더 중요하다."

AI 시대의 리더는 단순히 기술 변화에 적응하는 것을 넘어, 조직과 개인의 가치를 재정의하고, 인간 고유의 능력을 극대화하는 역할을 해야 한다. 이를 통해 사람과 기술이 함께 성장하는 인간 중심의 조직 문화를 만들어가는 것이야말로 AI 시대 리더의 핵심 과제가 될 것이다.

2

리더의 성장이
조직의 성장을 이끄는 메커니즘

1) 학습과 혁신의 선순환

리더의 성장은 조직의 학습 문화를 형성하는 강력한 동력이다. 리더가 먼저 배우고 실천하면 구성원들도 자연스럽게 변화에 동참하게 되고, 조직의 혁신 역량은 강화된다.

2023년 세계 최대 HRD 컨퍼런스인 ATD에서 디지털 학습 환경과 모던러닝의 중요성이 강조된 바 있다. 모던러닝은 학습자가 스스로 목표를 설정하고, 자신의 속도에 맞춰 학습하며, 주도적으로 배움을 지속할 수 있는 환경 조성을 지향한다. 이는 마치 자전거를 타는 것과 같다. 목표를 정하고방향, 자신의 속도에 맞춰 페달을 밟으며학습주도권, 밟은 만큼 앞으로 나아가는 것자기주도적 성장과 같은 원리다.

이 개념을 조직에 도입하기 위해 나는 부서원들과 공유하며 교육 서비스 전략을 전면 재정비하였다. 단순히 새로운 교육 방식을 도입하는 것만으로는 부족했다. 핵심은 '데이터'와 '콘텐츠'였다. 이에 따라 다음과 같은 구체적 실행을 추진했다.

- 핵심역량 중심 콘텐츠 개편: 조직 비전과 연계된 리더십, 공통역량 중심으로 교육 내용 전환
- 디지털/AI 기반 과정 신설: 새로운 업무 방식에 맞춘 맞춤형 교육 과정 설계
- 데이터 기반 콘텐츠 리디자인: 기존 자료 분석 → 핵심 데이터 추출 → 최신 트렌드 반영
- 디지털 전환 가속화: 학습기록을 위한 교재 디지털화, 유튜브 마케팅, 오픈배지 인증 도입

그 결과 2024년 조직 매출은 전년 대비 약 15% 증가했고, 고객 서비스 만족도는 4.5에서 4.8로 상승하는 성과를 달성하였다. 이는 단기 성과에 그치지 않는다. 리더가 먼저 학습하고 실천할 때, 조직은 학습 문화를 내재화하게 되고, 이는 지속적인 혁신으로 이어진다.

AI 시대, 리더의 학습은 곧 조직 성장의 촉매제다.

2) 인재 육성과 조직문화의 선순환

리더의 학습과 실천은 조직원들의 성장과 협업 문화를 촉진하는 핵심 요소다. 과거, 부서 내 COPCommunity of Practice를 운영하기 위해 출근 시간을 30분 앞당기는 실험을 진행한 적이 있다. 교육컨설팅 조직 특성상 각 PMProject Manager은 개별 프로젝트에 집중하며 독립적으로 움직이는 경향이 강했다. 이로 인해 유사한 문제 반복, 사례 공유 부족 등의 비효율이 발생했다.

COP 운영 초기에는 회의적 반응이 많았다. "공유할 것이 없다", "자료 만드는 것이 부담스럽다", "보여주기식이다"라는 목소리도 있었다. 그러나 실질적인 공유와 논의가 시작되자 변화가 나타났다. 새로운 아이디어가 도출되고, 동료 간 유대감이 강화되었으며, 문제 해결 속도도 빨라졌다. 특히 리더로서 구성원의 강점과 가능성을 명확히 파악할 수 있었고, 이는 조직 내 그룹 코칭 문화의 정착으로 이어졌다.

이처럼 리더가 학습과 성장을 촉진하는 환경을 만들면, 조직원들의 역량 개발과 협업 문화는 자연스럽게 강화된다. 구성원들은 리더십을 직접 경험하며 성장 기회를 능동적으로 찾게 되고, 조직은 자율적 성장 에너지를 갖추게 된다.

실제로 리더십 개발 프로그램을 운영하는 조직은 직원 만족도와 몰입도에서 긍정적인 수치를 보여준다. 리더의 학습은 곧 조직의 지속가능한 성과로 연결된다.

3) 변화 적응력과 지속가능성 향상

리더의 지속적인 학습은 조직의 변화 적응력을 높이는 핵심 동력이다. AI 시대, 시장과 기술의 변화 속도가 가파르게 증가하고 있다. 이때 리더는 단순한 관리자가 아닌, 변화의 흐름을 빠르게 감지하고 조직이 유연하게 적응할 수 있도록 방향을 제시해야 한다.

필자는 최근 '나의 ChatGPT 활용 프롬프트 공유하기' 프로젝트를 지속적으로 추진하며 AI 도구를 조직에 전파하는 실험을 진행하고 있다. 이는 단순한 업무 자동화를 넘어, 팀원들과 함께 실제 업무에서 활용할 수 있는 프롬프트를 개발하고 공유하는 방식이다.

이 과정은 단지 AI를 사용하는 것을 넘어, 팀이 함께 발전시킨 노하우를 조직의 자산으로 축적하고, 이를 통해 급변하는 교육 컨설팅 시장에서도 경쟁력을 지속적으로 유지할 수 있도록 하는 전략적 활동이다.

결과적으로 리더가 새로운 기술에 적응하고 이를 조직에 확산시키는 과정 자체가 변화 적응력을 높이는 핵심 메커니즘이 된다. 이 세 가지 메커니즘은 리더의 학습 → 조직 학습 문화 강화 → 구성원의 성장 및 조직문화 혁신이 맞물리면서, 변화 적응력과 지속 가능성이 함께 향상되는 선순환이 형성된다.

AI 시대, 리더는 촉매제가 되어야 한다. 변화의 속도가 빨라지고, 산업의 경계가 무너지는 환경에서, 리더는 단순히 방향을 제시하는 것을 넘어 조직의 성장과 변화를 촉진하는 존재여야 한다. 탐험가의 정신을 바탕으로 조직의 학습과 혁신을 가속화하고, 새로운 기술과 비즈니스 모델을 효과적으로 확산시키며, 구성원과 함께 실천을 통해 변화를 주도하는 것이 리더의 역할이다.

단순히 변화를 따르기보다, 먼저 배우고 실천하며 조직이 함께 성장할 수 있도록 이끄는 리더가 되어야 한다. 그것이 바로 AI 시대에 요구되는 새로운 리더의 모습이며, 리더의 학습이 조직의 성장을 촉진하는 가장 강력한 동력임을 다시금 강조한다.

3

AI 시대를 이끄는
리더십 실천 전략

AI 시대의 리더는 기술을 단순히 익히는 것이 아니라, 이를 활용해 사고의 폭을 넓히고, 협업을 강화하며, 조직과 함께 성장해야 한다. 급변하는 환경 속에서 조직을 이끄는 리더는 끊임없는 학습과 실천을 통해 변화에 유연하게 적응하고, 새로운 기회를 창출할 수 있어야 한다. 이를 위해 AI 이해와 데이터 활용, 네트워크 기반 협업, 인간 고유의 역량을 강화하는 리더십이라는 세 가지 실천 전략이 필요하다.

1) AI를 이해하고 데이터 기반 사고를 강화하라.

AI는 단순한 자동화 도구가 아니라, 리더의 사고를 확장하고 정교한 의사결정을 돕는 촉진제다. AI를 효과적으로 활용하는 리더는 변화하는 정보를 빠르게 습득하고, 데이터를 기반으로 문제를 해결하는 능력을 갖춘다.

필자는 매일 AI 도구를 활용해 책을 요약하고, 핵심 개념을 정리하며, 새로운 아이디어를 도출하는 연습을 한다. 또한, AI 교육 프로그램과 기술 트렌드를 꾸준히 모니터링하며, AI 시대에 필요한 역량을 지속적으로 학습하고 있다.

리더가 AI를 효과적으로 활용하기 위해서는 단순한 정보 검색을 넘어, 데이터를 분석하고, 해석하는 역량, 패턴을 분석하고, 의미를 파악하는 능력, 데이터를 기반으로 신뢰도 높은 의사결정을 내리는 습관, 경험과 통찰력을 결합하여 균형 잡힌 사고를 유지하는 태도를 갖춰야 한다.

필자는 현재 다음과 같은 AI 도구를 활용하고 있다.

AI 도구	활용목적
ChatGPT & Claude	글쓰기 자동화
Perplexity AI & CLOVA X	최신 트렌드 분석 및 리서치
Lilys AI	유튜브 영상 요약
Napkin AI	창의적인 아이디어 정리 및 도식화
썸트렌드(Sometrend)	소셜미디어 및 트렌드 분석
빅카인드(BigKinds)	뉴스 데이터 분석 및 기사 트렌드 파악

이러한 도구들은 방대한 데이터를 정리하고, 특정 패턴과 트렌드를 도출하는 데 유용하다. 하지만 중요한 것은 데이터만을 맹신하지 않고, 인간의 경험과 직관을 결합해 균형잡힌 결정을 내리는 것이다.

AI 기술을 배우는 과정은 탐험과 발견의 과정이다. 자주 사용하는 기능에만 의존하지 말고, 새로운 기능을 적극적으로 사용해보며 최적의 활용방법을 찾아보는 것이 핵심이다.

물론 AI 도입이 모든 문제를 해결하는 만능열쇠는 아니다. 많은 조직에서 데이터 편향성, 직원들의 기술 불안감, 초기 투자 비용, 기존 시스템과의 통합 문제 등 여러 도전에 직면한다. 특히 AI가 제공하는 결과를 맹신하거나, 조직의 고유한 상황을 고려하지 않은 채 AI를 도입하면 오히려 역효과가 날 수 있다. 중요한 것은 이러한 도전을 인식하고, 기술 도입과 함께 조직의 인간적 측면도 동시에 고려하는 균형 잡힌 접근이다.

2) 네트워크와 협업을 극대화하라

AI 시대에는 개인의 역량보다 내·외부 네트워크를 연결하고 협업하는 능력이 더욱 중요해진다. 리더는 조직 내부에서 지식 공유와 협업을 촉진해야 하며, 외부에서는 AI 기술과 다양한 전문가를 연결하는 플랫폼 리더십을 발휘해야 한다.

필자는 조직원들과 함께 AI 활용법을 공유하고, 실무 적용 사례를 논의하는 시간을 운영하고 있다. 처음에는 AI 활용이 익숙하지 않거나, 몇 번 시도 후 사용을 중단하는 경우가 많았다. 그러나 작은 성공 경험을 공유하고 업무에 접목하는 과정이 반복되면서 협업 방식이 변화하기 시작했다.

이제는 프롬프트를 공유하고, 제안서 분석·교육 결과보고서 작성 등 다양한 업무에 AI를 활용하며 협업이 자연스럽게 이루어지고 있다. 이러한 문화가 자리 잡으면서, AI는 개인의 도구를 넘어 조직의 집단 지성을 강화하는 도구로 자리 잡고 있다.

외부 협력 역시 중요한 요소다. AI 시대에는 더 이상 조직 내부의 역량만으로 문제를 해결하기 어렵다. 다양한 분야의 전문가, 파트너 기업, 외부 네트워크와 협력하는 것이 필수적이다.

필자는 AI 전문가 및 기업들과의 네트워크를 통해 최신 기술을 익히고, 이를 조직의 변화 전략에 반영해 보려 다양한 시도를 해보았다. 예를 들어 유튜브 라이브 방송을 기획해 디지털 전환 현업 전문가들을 초대하여 인터뷰를 진행하며, AI와 비즈니스 혁신의 접점을 찾는 논의를 지속하고 있다. 최신 트렌드를 조직에 적용할 뿐 아니라 외부 네트워크와의 연계를 강화하고 있다.

이처럼 리더는 조직 내부에서 AI 학습과 협업 문화를 조성하고, 외부 네트워크를 적극 활용하며, 기술과 사람을 연결하는 역할을 해야 한다.

3) 인간 고유의 역량을 강화하라

AI가 급속도로 발전하는 시대지만, 여전히 가장 중요한 것은 인간이 가진 고유의 역량이다. AI는 방대한 데이터를 분석할 수 있지만, 창의성, 비판적 사고, 직관, 공감력과 같은 능력은 오직 인간만이 발휘할 수 있다.

- 창의적 사고: AI는 과거 데이터를 바탕으로 최적의 해답을 제시할 수 있지만, 완전히 새로운 아이디어를 창출하고 기존의 틀을 깨는 창의적 도전은 인간만이 할 수 있다.
- 비판적 사고: AI는 논리적 분석에 강하지만, 문제를 새롭게 정의하고 관점을 전환하는 것은 인간의 몫이다.
- 직관과 공감력: AI는 데이터 기반의 판단은 가능하지만, 구성원들의 감정과 조직의 미묘한 분위기를 읽고 공감하는 것은 리더의 감성과

직관이 필요한 부분이다.

필자는 AI의 분석 결과를 그대로 수용하기보다는 "이 데이터가 놓치고 있는 것은 무엇인가?", "다른 접근이 가능하지는 않을까?"와 같은 질문을 던지며 창의성과 비판적 사고를 실천하고 있다. 이러한 태도는 깊이 있는 통찰로 이어지며, 조직의 혁신 방향을 설계하는 데 중요한 기반이 된다.

궁극적으로 AI 시대의 리더는 기술을 활용하는 것을 넘어, 인간적인 가치와 통찰을 더하는 존재가 되어야 한다. AI와 인간 역량이 조화를 이룰 때, 조직은 진정한 혁신을 실현할 수 있다.

AI 시대의 리더는 단순히 기술을 익히는 것이 아니라, 배우고학습, 연결하며협업, 인간 고유의 가치를 실현리더십하는 존재가 되어야 한다.

리더는 AI와 데이터를 활용해 더 나은 의사결정을 내리고, 조직의 역량을 내·외부 네트워크와 연결하며, 인간 고유의 창의성과 직관을 발휘해야 한다. 이제 리더는 단순히 관리하는 역할을 넘어, 변화와 혁신을 촉진하는 탐험가형 리더로 거듭나야 한다. 기술이 빠르게 변화하는 지금, 배우고, 실천하고, 연결하는 리더만이 조직과 함께 성장할 수 있다.

AI 시대 리더십 자가진단 체크리스트

다음 질문에 대해 1점(매우 그렇지 않다)부터 5점(매우 그렇다)까지 솔직하게 평가하자.

문항	매우 그렇지 않다(1)	그렇지 않다(2)	보통이다 (3)	그렇다 (4)	매우 그렇다(5)
FX: Formula Transformation – AI 기반 업무 혁신					
나는 AI의 기본 원리를 이해하고, 업무에 활용할 수 있다.					
나는 데이터를 분석하고 해석하여 의사결정에 활용할 수 있다.					
나는 AI 기반 업무 자동화 및 협업 도구를 적극적으로 활용하고 있다.					
나는 AI 및 디지털 기술을 활용하여 조직의 업무 방식을 개선한다.					
LX: Leadership Transformation – 새로운 리더십 발휘					
나는 업계 및 조직 내 변화의 흐름을 빠르게 감지하고 대응할 수 있다.					
나는 전략적 실험을 실행하고, 빠르게 피드백을 반영하여 조직을 운영한다.					
나는 조직 내·외부의 네트워크를 활용하여 협업과 성과를 이끌어낸다.					
나는 조직원들에게 자율성을 부여하고, 스스로 성장할 기회를 제공한다.					

MX: Mindset Transformation – AI 시대 사고방식 전환					
나는 새로운 가능성을 탐색하고, 기존의 방식을 뛰어넘는 사고를 한다.					
나는 직관보다는 데이터와 근거를 바탕으로 문제를 해결한다.					
나는 기술 발전 속에서도 인간 중심 가치를 고려한 의사결정을 내린다.					
나는 불확실한 상황에서도 시도하고 학습하며, 실패를 성장의 기회로 삼는다.					

결과해석

50~60점: AI 시대를 선도하는 탐험가형 리더
AI 및 디지털 리더십을 잘 활용하며, 조직 혁신을 주도할 역량을 갖추고 있다. 최신 AI 트렌드를 연구하고, 조직 내 AI 적용을 확대하며, 협업 네트워크를 강화하라.

35~49점: 변화에 적응하는 성장형 리더
AI와 리더십을 적절히 활용하고 있지만, 특정 영역에서 보완이 필요하다. 부족한 영역을 파악하고 학습하며, AI 기반 업무 혁신과 네트워크 협업을 강화하라.

20~34점: 전환기 리더 – 체계적인 학습 필요
AI 및 리더십 요소를 갖추고 있지만, 실질적인 적용이 부족하다. AI 기초 학습과 데이터 활용 능력을 강화하고, 조직 내 실험과 애자일 방식을 도입하라.

19점 이하: AI 시대 리더십 재정비 필요
AI 및 디지털 변화에 대한 준비가 부족한 상태이다. AI 및 디지털 리터러시 학습을 시작하고, 데이터 기반 사고와 실험 문화를 익혀라.

AI 시대,
디지털네이티브 세대와 동행하기

이소민

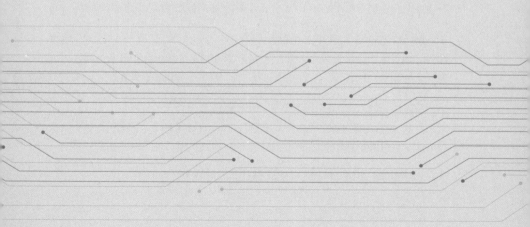

1

다름에서 시너지로: 세대 간 협업을 넘어 세대 융합이 필요한 이유

지금 우리 조직 환경에는 세대 간 갈등이 큰 이슈로 떠오르고 있다. 조직의 한편에는 산업화 시대를 거쳐 조직의 성장과 발전을 최우선 가치로 삼고 헌신해온 기성세대가 있고, 다른 한편에는 개인의 삶과 업무의 의미를 우선하는 디지털 네이티브 세대가 있다. 그리고 그들 중간에 끼인 세대, '낀대'가 있다. 이들은 성장과정, 경험, 환경의 요구, 처한 입장이 각기 다른 차이를 보인다.

이러한 세대 간 차이는 갈등의 원인이 되기도 하지만, 조직의 지속가능한 성장을 위한 잠재적 자산이기도 하다. 따라서 성과 창출과 성장이라는 목표를 달성하기 위해서는 각 세대가 가진 고유한 강점을 결합하고 어우러져 협업을 해야 한다. 기성 세대의 경험과 전문성, 디지털 네이티브 세대의 기술 활용 능력과 새로운 시각, 그리고 낀대의 연결 역량이 시너지를 창출할 때 조직은 경쟁력을 갖출 수 있다. 각 세대가 가진 고유한 관점과 역량을 존중하고 활용할 때, 단순한 협업을 넘어선 진정한 세대 융합이 가능해진다.

세대 융합은 차이를 인정하는 것에서 시작된다. 따라서 함께 성장하며 성과를 내는 동행자로 함께 나아가기 위해서는 세대 간 관점 차를 이해하고 인정하며 조화를 통해 시너지를 창출하는 리더십이 필요하다. 세대 별로 이해하고 선호하는 리더십은 무엇일까? 세대 간의 리더십 인식과 선호도의 차이를 이해하기 위해서는 각 세대의 업무 방식, 핵심 가치 및 소통 방식의 특징 등을 면밀히 살펴볼 필요가 있다.

기성세대 리더십은 왜 상명하복과 권위주의에 익숙한가?

기성세대旣成世代는 일반적으로 40대에서 60대 후반에 이르는, 현재 사회와 조직을 이끌고 있는 연령층을 말한다. 이들은 베이비붐 세대부터 X세대, 일부 Y세대까지 포괄하며, 산업화 시기를 거치며 조직 중심의 사고와 위계적 문화 속에서 성장해왔다.

조직문화 분야의 석학 에드거 샤인Edgar Schein은 그의 저서, 『Organizational Culture And Leadership』을 통해 '전통적인 조직은 명확한 위계와 중앙집권적 권위에 의존한다'고 말한 바 있다. 국내 기성세대가 경험한 조직문화는 전통적 위계질서에 기반한 특징을 보인다. 이들이 직장생활을 시작했던 시기의 대한민국의 많은 조직들은 연공서열과 명확한 역할 정의, 공식적 보고 시스템을 강조하는 엄격한 계층 구조를 유지했다. 이러한 환경에서 형성된 리더십 성향은 자연스럽게 계층적 조직 구조를 선호하고 상명하달식 명령과 권위를 중시하는 방향으로 발전했다. 이들은 권위 있는 자리에서 명확한 지침과 방향을 제시하는 것이 리더의 역할이라 생각하는 경향이 있다. 흥미로운 것은 이러한 공식적 체계 속에서도 '눈치'와 '암묵적 이해'를 바탕으로 한 비공식적 지시와 정보 공유

문화가 조직 내에 깊이 뿌리내렸다는 것이다.

필자의 기억 속 선배들은 일을 하다말고 종종 자리를 비웠다. 그들이 찾아가는 곳은 모든 조직마다 있다는 그 곳, '옥상'이었다. '옥상'이라 는 비공식 공간에서 담배를 피우며 상사가 지시한 내용을 곱씹고, 이해 를 못하는 부분은 역시나 같은 이유로 옥상에 올라온 같은 부서나 타 부 서 동료의 정보, 타 부서의 선배의 조언을 참고했다. 비흡연자였던 필자 조차 이 정보 네트워크에 접근하기 위해 '옥상 동행인'을 자처하곤 했다.

'정보는 재산이자 능력이고 계급'인 시대였다. 리더들은 종종 정보를 전부 공유하지 않고 말을 아끼는 경향이 있었으며, 부하직원들은 답답함 이나 부당함을 느끼더라도 '감히' 질문하거나 의견을 제시하기 어려웠 다. 핵심 정보는 주로 구전을 통해 전달되는, 투명성보다 위계가 중시되 는 업무 환경이었다.

지금, 대한민국의 주류 기성세대는 '낀대'다

기성세대라는 단일 범주로 묶기에는 이들 내부의 차이도 상당하다. 지 금의 40대가 경험해 온 조직 환경과 60대가 경험한 조직 환경 및 입장과 상황은 다르기에 이들을 구분할 필요가 있어 보인다. 이에 필자는 기성세 대를 두 그룹으로 나누어 보고자 한다. 하나는 60대 이상의 베이비붐 세 대로, 이들은 조직 내 최고참 선배로서 산업화 시대의 경험과 가치관을 보유하고 있다. 다른 하나는 40-50대의 X세대로, 이들은 디지털 전환기 를 겪으며 전통적 가치와 새로운 문화 사이에서 적응해왔다. 오늘날 대한 민국의 기성세대 중 40-50대는 사실상 기성세대라고 단언하기에는 어려움이 있다. 그들을 대변할 표현은 '낀 세대'가 적절하겠다.

한국의 조직문화에서 이들은 독특한 경험을 거쳐왔다. 이 40-50대는 '초년병'이라 불리는 혹독한 업무 환경을 경험했다. 한국노동연구원 조사2021에 따르면, 중장년 이상 노동자의 73%는 신입 시절 극단적인 업무량과 계층적 압박을 경험했다고 응답했다. 밤샘 근무나 사비로 업무 필수품 긴급 구입을 하는 등 조직 내 헌신이 당연시되며 선배들의 공감이나 인정이 부족했던 현실을 겪었다. 물론 속해 있던 조직의 특수성과 산업군, 업무 영역에 따라 다르겠지만, 개인 삶의 많은 부분을 양보해온 것은 공통적인 경험이었다. 필자의 소위 초년병 시절도 그러했다. 초년병이라는 군대식 용어가 그대로 회사로 옮겨와 쓰이던 그 시기, 필자는 그때 그 때마다 팀에 떨어진 프로젝트의 성과를 높이기 위해 회사에서의 철야 후 근처 사우나에서 씻고 다시 업무를 연이어 하던, 출퇴근이라는 개념이 무의미할 정도로 업무와 개인 생활의 경계가 모호했다. 밤샘 작업 중에는 개인적 경험을 통해 김밥보다 만두가 소화에 더 좋다는 사소한 생존 지혜를 터득했고, 편의점에서 속옷을 구매해 갈아입는 상황도 드물지 않았다. 그러나 리더나 선배 누구도 그런 필자를 이상하게 보거나 동정하지 않던, 그렇게 자기 희생과 헌신이 당연했던 때가 있었다. 지금의 기성세대는 그렇게 극한의 헌신을 통해 일이라는 것을 배우고 일한다는 것에 스며들었다.

쉬지 않고 열심히 일하며 성장을 거듭해온 이 신新 기성세대는 소위 꼰대 어르신들의 마음을 이해할 수 있을만큼 경험치가 늘었고 후배들의 마음도 이해하고 공감하려고 노력하는, 중간에 '끼인 세대', '낀대'이다. 이들 낀대는 독특한 위치에 있다. '꼰대'라고 불리는 선배 세대와 '요즘 것들'이라 불리는 디지털 네이티브 세대 사이에 끼어, 위에서 까이고 아래에서 치이는 세대이며, 선배들에게 굴려졌고 후배들로부터는 꼰대들과 한 통속이라 오해받기도 하는 세대이다.

좀더 들여다보면, 윗 세대도 아랫 세대도 어느 정도 이해할 수 있는 반면 그래서 윗세대도 아랫세대도 온전히 이해하고 공감하지 못해서 바람직한 행보를 정의내리기도 택하지 못하는 세대이기도 하다. 윗 선에서 지시하는 사안들이 불합리하다고 인식하며 때에 따라 반대의 의견을 제시하기도 하지만 아랫 세대를 붙잡고 본인이 이해하지 못한 윗 선의 지시를 대신 전하면서 후배들의의 '따박따박 말대꾸'를 견디기도 해야 한다. 이러한 어려움은 '중간관리자의 딜레마'로 표출이 된다. 상부의 비합리적이고 시대에 맞지 않는 지시를 하부 세대에게 전달하며 겪는 내적 갈등과 좌절을 하버드 비즈니스 리뷰의 위터호번Uyterhoeven, 1989이 '중간관리자 딜레마'로 설명한 바 있다.

그럼에도, 낀대는 경험을 통해 윗선의 관점을 이해하면서도, 변화하는 시대에 맞춰 새로운 방식을 수용하려는 노력을 기울이는 유일한 세대라는 측면에서 중요한 가치를 보인다. 이들은 조직 내 세대 간 가교 역할을 수행할 수 있는 잠재력을 갖추고 있다.

AI 시대, 기성세대가 경험한 리더십의 한계는 무엇일까?

다니엘 골먼Daniel Goleman은 그의 저서 『감성의 리더십Primal Leadership』2003을 통해, 하향식의 권위주의적 접근 방식을 특징으로하는 '지시형 리더십'은 '명확한 기대와 체계적인 프로세스를 갖춘 안정적 환경에서는 효과적이나 빠른 적응과 혁신을 요구하는 환경에서는 한계를 보인다'라고 하였다.

　기성세대는 일반적으로 조직의 안정성과 효율성을 중시하며, 계층적 구조와 명확한 지휘체계를 기반으로 하는 리더십을 선호한다. 문제는, 기성세대들이 한참 실무진으로 활약하던 때에는 이러한 리더십 방식이 효과적이었지만 지금과 같이 급변하는 디지털 환경에서는 이러한 접근법이 한계를 보인다는 것이다.

　기성세대 리더십이 받는 가장 큰 도전은 경직된 의사결정 구조이다. 빠르게 변화하는 현대 사회는 치열한 경쟁구도 속에서 새로운 사업 기회와 위협을 신속하게 포착하고 유연하게 대응할 수 있는 민첩성을 요구한다. 하버드 경영대학원의 린다 힐 교수Linda Hill et al., 2014는 '위계적 조직이 혁신적 사고와 민첩한 대응을 육성하지 못한다'고 지적했다.

　선형적 의사 결정 구조가 익숙한 기성세대 리더들의 업무 수행 및 의사결정 속도는 급변하는 환경에서 빠르고 바르게 대처하기에 어려움이 있다. 과거 그들의 성공을 가져왔던 리더십 패러다임이 새로운 시대에 적합하지 않게 된, 구조적 도전인 것이다.

2

디지털 네이티브 세대가
기대하는 리더십이란?

AI 시대, 디지털 네이티브 세대의 부상

디지털 네이티브 세대는 태어날 때부터 디지털 기술과 함께 성장한 밀레니얼 세대1981~1996년생, Z세대1997년~2009년생, 알파 세대2010년 이후 출생자를 포괄한다. 이들은 인터넷, 스마트폰, 소셜 미디어 등 다양한 디지털 플랫폼에 익숙하며, 이러한 환경에서 지식과 정보를 자유롭게 탐색하고 활용하는 능력을 갖추고 있다.

'디지털 네이티브'라는 용어를 처음 사용한 교육학자 마크 프렌스키Marc Prensky는 이들을 '새로운 디지털 기술 및 기기에 둘러싸여 함께 성장한 세대'로 정의하며 그들의 삶은 이전 세대와는 다른 형태라고 설명한다. 그에 의하면, '베이비 붐 세대가 디지털 기술을 개발하고 익혀 활용하는 디지털 이민자Digital Immigrant라면, 디지털 네이티브Digital Native는 디지털 환경에서 태어나고 자라 디지털 기술을 공기처럼 호흡하며 성장해 그 안에서 새로운 패러다임을 삶에 적용한 존재'이다.

이들은 이전 세대와는 본질적으로 다른 방식으로 디지털 세상과 소통하고 일하며, 기존 조직 문화에 근본적인 변화를 요구한다. 저서,『디지털 네이티브』를 통해 저자 돈 탭스콧Don Tapscott은 디지털 네이티브 세대를 '디지털 기술을 통해 자기만의 세계를 창조하는 역사상 가장 똑똑한 세대'로 표현한다.

디지털 플랫폼에 익숙하고 정보의 탐색과 활용 능력이 매우 뛰어난 이들 디지털 네이티브 세대의 특징은 조직 문화와 리더십에 대한 기대에도 그대로 반영된다. 이들은 수평적이고 유연한 조직 문화를 선호하며, 자율성을 기반으로 자신의 판단에 따라 업무하기를 원한다.

디지털 네이티브 세대가 선호하는 리더는 과거의 권위적이고 일방적인 리더십과는 거리가 멀다. 그들은 전통적인 상하구조의 리더보다는 구성원과 동등하게 소통하고 협력할 수 있는 파트너십 중심의 리더를 기대한다. 그들은 리더가 단순히 업무 지시를 내리고 이행 여부를 점검하는 감시자가 아닌, 함께 고민하고 방향을 잡아주는 협력자이자 멘토가 되기를 기대한다.

업무 지침을 전달할 때에도 리더가 모든 것을 일방적으로 결정하여 지시하기보다는 팀원들이 함께 논의하고 아이디어를 나누는 협력적 접근을 선호한다. 이들에게 리더의 역할이란 정답을 알려주는 존재가 아니라, 팀이 정답을 함께 찾아갈 수 있도록 유도하고 환경을 조성하는 촉진자이다.

디지털 네이티브 세대는 수평적이고 유연한 조직문화를 강력히 희망한다. 이들은 명령 체계를 엄격하게 지키는 전통적인 조직보다 자신의 의견이 자유롭게 공유되고 존중받는 환경을 중요시하며, 빠른 정보 접근성과 디지털 기술에 익숙한 세대답게 신속한 피드백과 즉각적인 소통을 중시한다. 이들이 선호하는 업무 도구는 이메일이나 보고서와 같은 일방적

혹은 쌍방향이라 하더라도 의견의 교환에 시간 차가 발생하는 형태의 커뮤니케이션 도구가 아니라, 슬랙Slack, 팀즈Teams, 노션Notion 같은 즉각적이고 직관적인 디지털 협업 플랫폼이다. 실시간으로 업무 현황을 공유하고 피드백을 주고받는 것이 일상화된 이들에게 리더의 신속한 피드백은 업무의 방향을 적시에 조정할 수 있는 핵심 요소이다.

디지털 네이티브 세대는 또한 업무의 의미와 목적을 중시하여 자신의 일이 명확한 의미와 목적과 연결되기를 원한다. 단순히 역할과 책임을 부여받는 것을 넘어, 업무의 목적과 조직의 더 큰 목표가 무엇인지 명확히 이해하고, 그 목표 달성을 위한 자신의 기여가 어떻게 연결되는지 알고자 한다.

글로벌 컨설팅 회사 딜로이트Deloitte, 2020의 조사에 따르면, 밀레니얼 세대의 76%가 '자신이 하는 일이 조직의 사회적 가치와 연결되어 있음을 확인할 때 더 큰 보람을 느끼고 업무 만족도가 높아진다'고 응답했다.

개인의 성장을 중요하게 생각하는 그들은 리더가 구성원 개개인이 하는 일이 어떤 의미를 가지고, 그것이 조직의 가치와 목표에 어떻게 기여하는지 명확히 설명하고 공유해줄 것을 희망한다. 딜로이트Deloitte의 '글로벌 MZ세대 서베이2023'에 제시된, 'MZ세대가 생각하는 일의 의미'에는 다음과 같은 그들의 일에 대한 생각들이 담겨 있다. "일이 삶의 큰 부분을 차지하는 것은 맞지만, 전부는 아니다. 나는 스스로 즐기면서 할 수 있는 일을 하고 있고 이 덕분에 내 자아를 실현해 나가고 있다."

개인의 성장을 중시하는 이들은 단순히 업무를 수행하고 급여를 받는 것에 만족하지 않으며, 꾸준히 배우고 성장할 기회를 얻기를 원한다. 따라서 그들은 리더가 구성원 개개인의 성장 목표와 커리어 계획을 이해하고 지원하기를 바라며, 정기적인 멘토링과 코칭, 다양한 학습 기회를 제공하기를 기대한다.

대한상공회의소2020가 발표한 '한국기업의 세대갈등과 기업문화 종합 진단 보고서'에 따르면, 밀레니얼 세대는 윗세대를 '비합리적'이라고 생각하며, 그 이유는 일의 의미나 과정에 대한 설명 없이 '성실히', '열심히'만 강조한다'고 생각하기 때문라고 한다. 이들이 답한, '리더의 업무 지시 방법의 합리성'에 대한 평가는 100점 기준 37.7점에 불과했다. 이들이 리더에게 기대하는 리더십 방식은 '업무 전문성', '일과 삶의 균형 지원', '인정과 칭찬의 코칭', '수평적 소통', '인재 육성에 대한 관심'이었으며, 이 기대 사항에 대한 '나의 리더의 적합성 평가' 점수는 100점 기준 41점에 그쳤다. 이와 같은 낮은 평가 점수와 새로운 리더십에 대한 요구는, 조직이 지속가능한 경쟁력을 갖추기 위해서는 기존의 수직적이고 일방적인 리더십에서 벗어나 디지털 네이티브 세대가 원하는 전문성과 소통 중심의 리더십으로 전환해야 함을 분명히 보여주고 있다.

리더는 왜 디지털 네이티브 세대의 요구와 기대에 귀를 기울여야 하는가?

돈 탭스콧은 위에 언급한 책, 『디지털 네이티브』를 통해 '그들은 직장 내 엄격한 서열을 무너뜨리고 있고, 기업들이 인재 채용, 보상, 개발, 감독하는 방법을 재고하게 만들고 있다'라고 강조했다. 더 나아가 그는 '조직 내 디지털 네이티브들이 늘어날수록 경영에 대한 기본적인 개념이 바뀔 것이라고 믿는다'고 말하며, '그들을 제대로 이해한다면 미래를 이해할 수 있을 것'이라고 단언했다. 그는 그 이유에 대해, 이들이 '역사상 가장 규모가 큰 세대'라는 점을 근거로 제시한다.

즉, 디지털 네이티브 세대는 간과할 수 없는 큰 파급력의 파워를 가지고 있다. 따라서 현대 조직 환경에서 리더가 디지털 네이티브 세대의 요구와 기대에 귀를 기울이는 것은 단순한 세대 갈등 관리 차원을 넘어 조직의 생존과 번영을 결정짓는 중대 사안이라고 볼 수 있다.

이들은 획일화된 관리 방식이나 전통적이고 수직적인 권위 구조에 저항감을 보이며, 협력적이고 수평적인 조직 구조에서 더 높은 성과를 발휘한다. 이들의 강점은 디지털 기술의 활용에서 특히 두드러진다. 디지털 기술을 직관적으로 이해하고 활용하는 역량은 고객 경험 혁신, 업무 프로세스 개선, 새로운 비즈니스 모델 발굴 등 조직 성과에 직접적인 영향을 미친다. 맥킨지 글로벌 연구소의 보고서는 '디지털 네이티브 세대의 기술 활용 방식이 조직에 도입될 때, 생산성이 평균 20~25% 향상된다'고 밝히고 있다.

하지만 현실은 다르다. 대한상공회의소2020의 조사에 따르면, 국내 기업에서 세대 간 갈등을 경험한 직장인의 비율은 63.9%에 달한다. 이러한 갈등은 조직 효율성과 혁신을 저해하는 요소로 작용할 수 있다.

주목해야할 점은, 세대 간 갈등 해소가 단순히 내부 조직 문화 개선에만 국한되지 않는다는 것이다. 리더가 디지털 네이티브 세대의 목소리에 귀를 기울이는 것은 곧 미래 시장의 동향을 파악하는 것과 같다. 이들의 가치관, 선호도, 소비 행태는 제품 개발, 마케팅 전략, 고객 경험 설계 등에 반영해야 할 중요한 통찰력을 제공한다. 예를 들어, 소셜 미디어를 통한 브랜드 인식 형성, 모바일 우선 접근법, 개인화된 고객 경험에 대한 기대 등은 디지털 네이티브 세대가 주도하는 시장 변화의 핵심 요소이다.

디지털 네이티브 세대는 기존의 관행과 사고방식에 도전하며, '왜 이렇게 해야 하는가?'라는 근본적인 질문을 통해 조직의 혁신을 촉진한다. 리더가 이들의 요구에 귀를 기울이지 않는다면, 조직은 중요한 혁신 기회를 놓치고 결국 조직의 경쟁력을 제한하는 결과를 초래하게 된다.

결론적으로, 리더가 디지털 네이티브 세대의 요구와 기대에 귀를 기울여야 하는 이유는 분명하다. 이는 단순한 세대 관리 차원이 아닌, 조직의 생존과 번영을 위한 전략적 선택이다. 인재 확보와 유지, 혁신과 성과 향상, 시장 이해와 고객 통찰력 확보, 조직 문화와 리더십 발전 등 모든 측면에서 이들의 목소리는 조직의 미래 방향을 가리키는 나침반 역할을 한다. 돈 탭스콧의 말처럼, 이들을 이해하는 것은 곧 미래를 이해하는 것이며, 이들과 함께 성장하는 조직만이 미래의 주인공이 될 수 있다.

3

디지털 네이티브 세대와 동행하는
리더의 3가지 전략

심리적 안전감 기반의 공감 리더십

디지털 네이티브 세대와 효과적으로 소통하려면 공감의 리더십을 실천해야 한다. 리더는 단순한 업무 지시나 평가자의 역할에서 벗어나 구성원의 이야기를 듣고, 고민과 의견을 적극적으로 끌어내는 존재여야 한다. 세일즈포스의 조사에 따르면, "회사와 리더가 자신의 목소리를 듣고 있다고 느끼는 구성원은 성과를 낼 수 있는 권한이 부여됐다고 느낄 확률이 4.6배 더 높다"고 한다.

이를 위해 리더는 주기적인 1:1 미팅을 통해 열린 질문을 던지고, 구성원이 아이디어를 자유롭게 표현할 수 있는 심리적 안전감을 조성해야 한다. 스탠포드대와 맥킨지의 공동 연구에 따르면, 심리적 안전감이 보장된 환경에서 직원의 혁신적 아이디어 제안이 74% 증가한다고 한다. 구글의 '프로젝트 아리스토텔레스' 역시 심리적 안전감이 성공적인 팀의 가장 중요한 특성임을 입증했다.

리더는 실패를 두려워하지 않고 학습과 성장을 위해 도전할 수 있는 문화를 조성해야 한다. 이를 위해 아이디어 제안 플랫폼, 혁신 경진대회, 크라우드소싱 방식의 문제 해결 등 집단 지성을 활용하는 메커니즘 구축이 필요하다. 이는 단순한 참여 유도에서 그치지 않고 조직의 혁신 역량을 강화하는 실질적 전략이 될 수 있다.

데이터 기반 의사결정 리더십

디지털 네이티브 세대는 직관보다는 데이터를 기반으로 한 객관적인 의사결정을 더 신뢰한다. 따라서 리더는 데이터 리터러시Data Literacy 역량을 갖추고, 데이터 기반의 의사결정 문화를 조직에 정착시켜야 한다.

디지털 네이티브 세대와 동행하는 리더는 '데이터 리터러시' 역량, 즉 데이터를 이해하고 분석하여 의미 있는 정보로 전환하는 능력을 필수적으로 갖추어야 한다. 데이터 리터러시 역량을 보유한 리더는 조직 내에 데이터 기반의 의사결정 문화를 정착시킬 수 있으며, 구성원들에게 업무의 목표와 의미를 명확히 전달할 수 있다. 또한 과거 경험에만 의존한 모호한 지시 대신, 객관적 데이터를 활용한 구체적인 기준과 방향을 제시함으로써 구성원들의 이해와 공감을 이끌어낼 수 있다.

요컨대, 데이터 중심의 리더십은 궁극적으로 구성원들의 자발적 몰입을 강화할 뿐만 아니라, 조직의 의사결정 속도와 정확성을 높여 시장 변화에 민첩하게 대응하는 조직 경쟁력 향상으로 연결된다.

개인 성장을 지원하는 자율성 중심의 리더십

디지털 네이티브 세대는 단순한 업무 수행자가 아니라, 성장하고 발전하고자 하는 주체적 존재로 인정받기를 원한다. 따라서 이들이 원하는 것은 개인의 발전에 도움이 되는 의미 있고 도전적인 과제이며, 이를 자율적으로 수행할 수 있는 환경이다.

리더는 구성원 개인의 성장 목표와 업무 목적을 긴밀히 연결하고, 개인 맞춤형 학습 프로그램, 도전적인 프로젝트 기회, 자기주도적 업무 환경을 제공해야 한다. 또한 유연한 업무 환경 구축도 필수적이다. 원격근무, 유연근무제, 결과 중심의 성과 평가 등은 디지털 네이티브 세대의 직무 만족도를 높이는 핵심 요소이다.

통합적 조직 문화 구축을 이끄는 세대 간 조화와 협력 전략

끝내 리더는 구ᄜ 기성세대와 디지털 네이티브 세대 사이에서 균형을 잡고 조직을 이끄는 핵심적인 위치에 있다. 이들은 위계적이고 권위적인 방식에서 벗어나 수평적이고 개방적인 조직 문화를 정착시키는 데 앞장서야 하며, 모든 세대가 어우러질 수 있는 통합적 조직 문화를 구축해야 한다.

단, 디지털 네이티브 세대의 요구를 반영하는 과정에서 기존 세대의 경험과 가치를 간과해서는 안 된다. 진정한 조직의 경쟁력은 다양한 세대의 강점을 조화롭게 통합할 때 발휘된다. 디지털 네이티브 세대의 기술적 역량과 혁신성, 변화 수용력은 미래지향적 조직에 필수적이며, 베이비붐 세대와 X세대의 풍부한 경험과 인내, 조직에 대한 충성도 또한 귀중한 자산이다.

따라서 각 세대의 강점을 융합해 명확한 목적과 의미가 담긴 업무 환경을 조성하고, 구성원들이 성과 창출에 몰입할 수 있도록 리더십 환경을 구축하는 것이 리더의 중요한 역할이다. 그렇게 할 때, 조직은 시대의 흐름에 부합하는 지속 가능한 발전과 혁신을 이룰 수 있다.

3부

AI 시대,
신뢰받는 리더가 되는 법

AI 시대, 감성지능(EI)이
리더십의 핵심이다

채명석

1

감성지능(EI)이 리더십에 중요한 이유

    인공지능이 일상화되면서 직장 문화도 빠르게 변화하고 있다. 과거에는 선배들이 후배들에게 직장생활의 노하우를 전수하는 것이 자연스러웠지만, 이제는 이러한 방식이 '꼰대 문화'로 인식되어 외면받고 있다. 이에 따라 많은 조직이 기존의 직급 체계를 허물고, 리더와 비非리더로만 구성원을 구분하는 수평적인 조직문화를 도입하고 있다.

    과거에는 대리가 신입사원을, 과장이 대리를 자연스럽게 교육하는 '낙수효과'가 존재했다. 하지만 이제 이러한 역할이 온전히 리더에게 전가되었다. 즉, 단순한 업무 지시자가 아니라 팀원들과 효과적으로 소통하고, 그들을 성장시킬 수 있는 리더십이 더욱 요구되는 시대가 된 것이다.

    김팀장과 오과장의 사례를 살펴보자. 김팀장은 뛰어난 성과를 인정받아 리더가 되었지만, 소통에 어려움을 겪었다. 그는 팀원들의 업무 방식과 결과물에 만족하지 못해 피드백을 주었지만, 기대와 다른 반응에 점점 말을 줄이게 되었다. 그러다 보니 피드백이 점점 날카로워졌고, 결국 인신공격에까지 이르렀다. 그 결과, 팀원들과의 관계는 더욱 악화되었다.

    이 문제를 해결하기 위해 조직에서는 김팀장의 팀에 핵심 인재인 오과장을 배치했다. 오과장은 탁월한 업무 능력뿐만 아니라 소통과 중재 능력이 뛰어나, 팀 내 가교 역할을 할 적임자로 평가받았다. 그는 김팀장의 날카로운 피드백을 부드럽게 전달하고, 팀원들의 입장을 이해하며 의견을 조율하는 등 균형을 맞추기 위해 노력했다. 그러나 김팀장의 공격적인 태도는 쉽게 바뀌지 않았고, 시간이 지나면서 오과장 또한 심리적으로 지쳐갔다. 결국 오과장은 극심한 스트레스로 인해 우울증 진단을 받고 휴직을 결정하게 되었다.

건강보험심사평가원에 따르면, 2018~2023년 6년간 우울증으로 외래 진료를 받은 환자는 매년 증가 추세를 보이며, 2023년에는 2018년 대비 36.8% 증가한 144만 1,676명에 달했다. 오과장의 사례는 결코 특별한 일이 아니다. 많은 직장에서 비슷한 일이 반복되고 있다.

김팀장은 부족한 전문성과 열정 때문이 아니라, 감성지능의 부족으로 인해 유능한 오과장을 조직에서 내쫓은 꼴이 되었다. 감성지능 전문가 트래비스 브래드베리Travis Bradberry는 『감성지능 코칭법』에서 감성지능이 시간관리, 의사결정 및 의사소통을 포함한 대부분의 행동과 밀접한 관련이 있다고 강조했다. 그는 감성지능이 모든 직무 활동의 58%를 좌우할 정도로 성공에 결정적인 영향을 미치며, 리더십을 발휘하고 개인이 뛰어난 역량을 발휘하도록 하는 가장 강력한 원동력이라고 설명한다. 리더가 팀원들과 신뢰를 구축하는 것은 조직의 성과를 높이는 데 필수적인 요소이다.

AI 시대에는 감성지능이 더 이상 선택이 아니다. 우리는 지금 인공지능이 일상 깊숙이 들어와 다양한 업무를 처리하고, 데이터 기반의 의사결정을 빠르게 도와주는 시대에 살고 있다. 그러나 이러한 기술적 진보

속에서도 '사람을 이해하고 관계를 맺는 능력'은 결코 대체되지 않는다. 특히 리더의 위치에 있는 사람이라면, 감성지능은 단순한 선택지가 아니라 반드시 갖추어야 할 핵심 역량이 되었다. 업무 능력이나 전문성 못지않게, 인간적인 이해력과 감정 조절 능력, 공감과 배려의 태도가 중요해지고 있는 것이다.

단순히 직급이 높다고 해서 리더십이 인정되는 시대는 지났다. 구성원들은 리더의 직급보다 '사람으로서의 신뢰도'와 '소통 방식'을 더 중요하게 평가한다. 리더의 말이 아닌 행동, 권위가 아닌 진정성이 팀의 신뢰를 결정짓는 요소가 되고 있다.

이제는 조직 내에서 신뢰를 형성하고, 팀원들과 원활하게 소통하며, 공감할 수 있는 능력이 리더십의 필수 요건이다. 조직은 더 이상 단순한 일의 집합체가 아니다. 다양한 성향과 배경을 가진 사람들이 함께 협력하는 공동체로 진화하고 있다. 이런 환경에서는 리더가 먼저 마음을 열고, 진심으로 다가가야 팀원들도 마음을 열고 따르게 된다. 감정의 흐름을 읽고, 적절히 반응하며, 각자의 감정 상태를 존중할 수 있는 리더만이 팀 내 신뢰를 쌓을 수 있다. 감성지능이 높은 리더가 조직을 더 효과적으로 이끌 수밖에 없는 이유도 바로 여기에 있다.

2

감성지능(EI)이
높은 리더가 되는 방법

감성지능의 대가이자 심리학자, 경영사상가인 대니얼 골먼Daniel Goleman은 『감성지능』에서 감성지능이 높은 리더가 되기 위한 첫 번째 단계로 자기인식Self-awareness의 중요성을 강조했다. 자기인식이란 내가 어떤 감정을 느끼고 있는지, 어떤 상황에서 기쁨을 느끼고 언제 화가 나는지를 명확하게 자각하는 능력이다.

그렇다면, 우리는 자신의 감정을 얼마나 잘 인식하고 있을까? 이를 점검하는 간단한 방법이 있다. 바로 하루 동안의 감정 경험을 돌아보는 것이다. 아침에 눈을 뜬 순간부터 잠자리에 들기까지 '나는 오늘 어떤 감정을 경험했는가?', '그 감정을 얼마나 정확히 인식하고 있었는가?'라는 질문을 스스로에게 던져보는 것이다.

Genos International에 따르면, 미국, 캐나다 등 서구 문화권에서는 감정 표현이 비교적 자유로운 반면, 한국을 포함한 동양권에서는 감정 표현이 서툴고 어색한 경향이 많다. 이는 유교 문화권에서 '감정을 참는 것'을 미덕으로 여겨온 영향도 크다. 어릴 적부터 우리는 감정을 드러내지 않는 법은 배웠지만, 감정을 어떻게 인식하고 표현하는지는 잘 배우지 못했다.

실제 교육 현장에서 "하루 동안 느낀 감정을 단어로 표현해 보라"는 요청을 하면 대부분 5개를 넘기기 어려워한다. 많아야 '기쁘다', '화난다', '슬프다' 정도다. 하지만 '기쁘다' 하나만 해도 수십 가지 표현이 존재한다. 예를 들어 '짜릿하다', '희열을 느낀다', '신난다', '기분이 고조된다', '흡족하다' 등이다. '화난다'도 마찬가지다. '짜증난다', '격노하다', '예민하다', '신경이 날카롭다'처럼 감정의 스펙트럼은 무척 넓다. 감정 어휘가 풍부하지 않으면, 자기감정을 정확히 인식하고 전달하는 능력도 제한될 수밖에 없다.

이제 AI 시대, 리더는 단순히 지식과 성과 중심의 리더십을 넘어서 감성지능을 바탕으로 신뢰와 공감을 이끌 수 있어야 한다. 다음은 필자가 직접 경험하고 효과를 확인한 감성지능 향상 실천법 세 가지이다.

1) 감정일기를 써보자

매일 또는 매주 간략하게라도 자신이 느낀 감정을 기록하는 습관을 들여보자. 수첩이나 스마트폰 메모장에 하루 동안 느낀 감정을 적어보는 것만으로도 자기인식을 높이는 데 큰 도움이 된다. 만약 감정 표현이 서툴다면, 책이나 영화, 드라마, 유튜브, SNS 등의 콘텐츠에서 등장인물들이 감정을 표현하는 방식을 관찰하고, 그 감정에 자신을 대입해보는 연습을 해보자.

어느 정도 감정을 인식하는 데 익숙해지면, 주변 사람들에게 의견을 구하는 것도 좋은 방법이다. 친구, 동료, 선배, 가족 등 다양한 사람들에게

"나는 평소 어떤 감정 상태에 자주 노출되는가?", "감정 기복이 심한 편인가?" 등을 물어보자. 다른 사람의 시각을 통해 스스로 인식하지 못했던 감정 패턴을 발견할 수도 있다.

2) 분노가 일어나는 상황을 파악하자

감정을 조절하는 능력 중에서도 특히 분노를 다스리는 능력이 리더십에 큰 영향을 미친다. 이를 잘 보여주는 일화가 있다.

어느 날, 징기스칸이 사냥을 나갔다. 목이 말라 샘물을 발견했지만 컵이 없어 칼집에 물을 받아 마시려 했다. 그때 그의 충성스러운 매가 갑자기 날아와 물을 쏟아버렸다. 징기스칸은 화가 났지만 다시 물을 받으려 했고, 매는 또다시 물을 흘렸다. 세 번째 시도에서도 매가 같은 행동을 하자, 징기스칸은 분노하여 칼을 뽑아 매를 찔러 죽였다. 그런데 샘 위쪽을 확인해 보니, 그 물은 독이 든 죽은 뱀이 오염시킨 물이었다. 매는 주인을 구하려 했던 것이었지만, 징기스칸은 성급한 분노로 소중한 친구를 잃고 말았다. 그는 뒤늦게 깊이 후회했지만, 이미 돌이킬 수 없는 일이었다.

이처럼 화가 난 상태에서 내린 결정은 후회를 부를 수 있다. 자신이 어떤 상황에서 분노를 느끼고, 극한 스트레스 상황에서 어떻게 반응하는지를 명확히 인식하는 것이 감성지능을 높이는 중요한 방법이다.

3) 긍정적인 사고에 집중하자

세계적인 리더십 전문가인 스티븐 코비Stephen Covey는 그의 저서 『성공하는 사람들의 7가지 습관』에서 "자신의 삶을 주도하라Be Proactive"고 강조했다.

우리 삶에는 수많은 자극과 반응이 존재한다. 좋은 환경에서는 자연스럽게 좋은 감정을 느끼고, 나쁜 환경에서는 부정적인 감정을 느끼기 쉽다. 이는 당연한 반응처럼 보이지만, 사실상 동물적인 반응이다. 마치 지렁이를 밟으면 꿈틀거리는 것과 같다. 그러나 인간은 이성적인 존재로서 다르게 행동할 수 있어야 한다.

사람은 누구나 자아의식을 통해 자극과 반응 사이에서 선택할 수 있는 능력을 가지고 있다. 스트레스 상황에서 각자가 다르게 반응하는 이유도 여기에 있다. 화가 나거나 스트레스를 받을 때, 우리는 어떻게 반응하는가? 화를 내며 감정을 폭발시키는가? 아니면 침착하게 감정을 조절하며 대응하는가?

침착하게 대응하려면 자극이 주어졌을 때 즉각적으로 반응하는 것이 아니라, 긍정적인 사고로 상황을 받아들이는 습관이 필요하다. 예를 들어, 중요한 회의에서 누군가 반대 의견을 냈다고 가정해보자. 만약 그 사람과 평소 관계가 좋지 않았다면, 감정적으로 격하게 반응할 가능성이 크다. 하지만 반대 의견이 더 나은 결과를 위한 과정이라고 긍정적으로 생각하면, 훨씬 침착하게 대응할 수 있다.

이러한 태도는 반복적인 노력을 통해 습관으로 만들어야 한다. 습관이 형성되면 뇌는 자동적으로 긍정적인 생각에 집중Focus하게 된다. 감성지능이 높은 리더의 첫걸음은 자신의 감정을 명확히 인식하고 조절하는 것이다. 자기인식이 기반이 되어야 타인과 원활하게 감정을 소통할 수 있으며, 이는 리더십의 필수 요소가 된다.

3
직원들의 공감을 얻는
감성지능(EI) 실천법

감성지능을 갖춘 리더가 되기 위해 가장 먼저 필요한 것은 '자기인식 Self-awareness'이다. 자기 감정을 명확히 알고 조절할 수 있어야 한다. 하지만 여기서 멈춰선 안 된다. 이제는 한 단계 더 나아가 '타인인식Awareness of Others'을 키울 차례다.

타인인식이란 말 그대로 타인의 감정 상태를 인식하는 것이다. 이를 통해 나와 타인의 감정을 조화롭게 만들어야 한다. 중요한 점은 타인을 가르치는 것이 아니라 이해하는 데서 출발해야 한다는 것이다. 많은 리더들이 흔히 하는 실수는 '구성원을 가르쳐야 한다'고 생각하는 것이다. 하지만 효과적인 리더십은 수직적인 관계를 떠나, 개인으로서의 인격과 감정을 존중하는 데서 시작된다. 건강한 관계를 형성하는 것이 우선이며, 이를 위해 실천할 수 있는 간단하지만 중요한 3가지 방법을 소개하고자 한다.

1) 경청하기

경청의 핵심은 진정성이다. 단순히 듣는 것이 아니라, 상대방의 말에 진심으로 귀 기울일 준비가 되어 있어야 한다. 경청은 기술Skill이 아니라 마음가짐Mind이다. 진정성이 없다면, 대화를 시작하지 않는 편이 낫다. 상대방은 우리의 미세한 표정, 어투, 태도에서 진심을 금방 알아차리기 때문이다.

또한, 인내심이 필요하다. 생각은 빠르게 변하지만, 감정을 정리하는 데는 시간이 걸린다. 상대방이 자신의 감정을 충분히 되돌아보고 안정감을 찾을 시간을 줘야 한다. 이는 리더가 감수해야 할 '인내 비용Patience Cost'이라고 할 수 있다. 지금 당장의 반응을 재촉하기보다 충분한 시간을 주면, 상대방도 마음을 열고 더 솔직하게 이야기할 것이다. 즉, 리더가 감정을 충분히 표현하도록 기다려준다면, 구성원들은 더 열린 마음으로 다가올 것이다.

2) 공감하기

공감하려면 사실Fact에 집중해야 한다. 우리는 통상 보고 듣는 과정을 통해 감정을 형성하고, 그 감정을 바탕으로 스토리를 만든다. 예를 들어, 상대방과 눈이 마주쳤을 때 누군가는 '저 사람이 나를 불쾌하게 쳐다봤다'고 생각하고, 또 다른 누군가는 '저 사람이 나에게 반갑게 인사하려고 한다'고 생각할 수 있다. 하지만 사실Fact은 단순히 '눈이 마주쳤다'는 것뿐이다.

이처럼 우리는 자신의 감정과 경험을 바탕으로 상대방의 행동을 해석하는 경향이 있다. 하지만 공감하기 위해서는 자신만의 스토리를 배제하고, 상대방의 표정, 행동, 어투, 말의 내용 등 객관적인 사실을 바라봐야 한다. 상대방의 감정을 왜곡하지 않는 것이 진정한 공감의 출발점이다.

3) 표현하기

리더가 자신의 감정을 솔직하게 표현하는 것은 조직 내 신뢰를 구축하는 중요한 요소다. 하지만 감정을 표현할 때는 단순히 명령하거나 강압적으로 말하는 것이 아니라, 자신이 느끼는 감정을 진솔하게 전달하는 것이 중요하다.

예를 들어, 사춘기에 접어든 중학생 아이에게 훈육하려고 할 때, 단호한 어조로 "그렇게 하면 안 돼!"라고 말하면 반발심을 불러일으킬 수 있다. 하지만 감정을 담아 표현하면 상황이 달라진다. "너가 그렇게 행동하면 아빠는 속상해." 또는 "지금 하는 행동이 위험해서 네가 다칠까 봐 걱정돼"라고 말하면 아이도 감정을 이해하고 더 열린 태도를 보이게 된다.

리더십에서도 마찬가지다. 구성원의 행동이 마음에 들지 않을 때, "이건 틀렸어"라고 단정 짓기보다 "이런 방식으로 진행되면 걱정이 돼"라고 감정을 담아 전달하면 훨씬 부드러운 소통이 가능하다. 예를 들어, 팀원이 기한을 맞추지 못했을 때, 리더가 "왜 이걸 못했어?"라고 다그치는 대신, "이번 일이 잘 안 돼서 정말 아쉽고 걱정돼" 또는 "기한을 맞추지 못해서 팀 전체에 영향을 줄까 봐 우려가 돼"라고 말하면, 팀원은 리더의 감정을 이해하고 더 책임감을 가지고 일을 처리하려는 태도를 보이게 된다.

또한, 리더가 긍정적인 피드백을 줄 때도 마찬가지다. "이번 프로젝트 결과가 정말 잘 나왔어!"라고 말하는 것보다 "이번 프로젝트를 통해 정말 큰 발전을 이뤘고, 너의 노력에 정말 고마워"라고 감정을 담아 표현하면 팀원은 그 감사와 인정의 진심을 더 깊게 느끼게 된다.

감정을 솔직하게 표현하되, 상대방이 받아들이기 쉬운 방식으로 전달하는 것이 핵심이다. 지시보다는 공감과 이해를 바탕으로 대화하면, 자연스럽게 조직 구성원들의 신뢰와 협력을 이끌어낼 수 있다.

지금까지 감성지능EI 리더가 되기 위해 자기인식Self-awareness과 타인인식Awareness of Others에 대해 알아보았다. 위에서 제시한 방법 외에도 감성지능과 관련된 수많은 방법이 있다. 하지만 직접 체험하고 효과를 경험한 실질적인 방법들을 선별해 보았다. 미루지 말고 지금 당장 하나라도 시도해본다면 감성지능EI 리더로 성장하는 데 도움이 될 것이라 확신한다. 포기하지 말고 지속적인 반복으로 습관을 만들어 보기를 바란다.

AI 시대,
'인간적인' 리더가 돋보인다

김대경

1

AI 기술과 인간 중심 리더십의 균형 맞추기

AI 대전환 시대, 리더들에게 필요한 건 과연 무엇일까? 최신 알고리즘을 줄줄 꿰는 데이터 사이언티스트의 두뇌일까, 아니면 구성원 한 명 한 명의 마음을 읽는 따뜻한 공감일까? 사실 둘 다 중요하고, 균형을 갖추는 것이 최선이다. 그래서 AI 시대의 리더십 여정에서 고려할 점을 함께 고찰해보려 한다.

필자가 스타트업 CEO로 선임된 2023년 6월, 회사의 주요 고객사로부터 서비스 지연 문제에 대한 컴플레인을 받았다. 고객사 담당자는 우리에게 위탁한 설치 건이 지연되어 고객 불만이 커지고 있다며, 신속한 대책을 요구했다. 즉시 대책을 마련하려 했으나, 보안 문제로 고객사와의 소통 수단이 'N'메신저로 제한되어 고객의 불만 접수 시점과 내용을 정확히 파악하기 어려웠다.

ChatGPT가 출시된 지 얼마 지나지 않았던 때이지만, 실험적으로 비정형 데이터 분석을 시도했다. 메신저 텍스트 원본을 내려받아 전처리한 후 고객 요청 시점과 내용을 분류하고, 이를 표로 정리하여 빈도와 추세를 분석했다. 바로 고객사를 방문하여 분석 결과와 함께 향후 대책을 보고하니 고객사 담당자의 눈빛이 실망에서 희망으로 변하는 모습을 봤다.

이 사건 후로 임직원들이 다양한 방법으로 AI를 사용하도록 독려했다. 다양한 시도를 하며 과정과 결과를 함께 고민하고, 문제를 해결할 때까지 밤늦도록 일했다. 그렇게 작은 성공 경험과 실패를 극복하려는 실험적 도전을 반복했다. 6개월이 넘도록 노력한 결과로 AI 기반의 서비스 관리 및 효율화 아이디어를 집약하여 클라우드 기반 SaaSSoftware as a Service 와 앱을 출시하였다.

AI는 데이터를 분석하고 예측 모델을 생성하며, 심지어 당신의 이메일과 메신저까지 대신 작성해줄 수 있다. 하지만 새 프로젝트를 앞두고 불안해하는 구성원의 눈빛을 읽고, "괜찮아, 같이 해보자"라며 어깨를 토닥여주는 것은 인간 리더만 할 수 있다. 이처럼 AI 시대에 주목받는 것은 바로 '인간적인' 리더십이다. 이번 장에서는 AI 기술과 인간 중심 리더십의 균형을 어떻게 맞출 수 있는지, '인간적인' 리더만이 해낼 수 있는 세 가지 핵심 역할은 무엇인지 살펴본다. 나아가 리더가 '신뢰 자본가'처럼 행동해야 하는 이유를 논의하고자 한다.

AI가 산업 전반으로 밀려들어오면서 금융, 제조, 서비스 등 다양한 분야에서 전환을 주도했고, 현업에서도 적극적으로 활용됐다. 그런데 AI 기술이 고도화될수록 오히려 리더십에서 '인간적인 요소'의 가치가 상승하는 역설적인 현상을 경험했다. 이는 마치 편의점 도시락이 널리 보급될수록 '손맛' 가득한 집밥의 가치가 재발견되는 것과 유사하다. 그렇다면 어떻게 AI를 조직 내 효과적인 도구로 활용하면서도 인간적인 리더십의 가치를 잃지 않을 수 있을까? 필자가 AI를 조직에 도입하면서 실천해 온 세 가지 균형 감각을 소개한다.

1) AI를 의사결정 도구로 사용

AI를 의사결정의 도구로 활용하되 최종결정할 때는 반드시 사람을 중심에 두었다. AI 시대의 리더는 데이터 기반 의사결정과 인간적 직관 사이에서 균형을 찾아야 한다. 이는 내비게이션의 안내를 따르면서도 도로 상황과 경험을 종합적으로 판단해 최적의 경로를 결정하는 운전자와 같다.

필자가 CEO로 부임하자마자 전국 센터에 대한 현황 보고를 받았다. 그 중 눈에 띄게 몇개월 동안 가장 낮은 성과를 보이는 지역센터가 있었다. AI 성과 예측 시뮬레이션에 따르면, 해당 지역센터는 3개월 내 폐지 위기에 처할 상황이었다. 그러나 그 지역의 센터장님은 사업 초창기 동고동락하며 헌신한 은인이었기 때문에 계약 해지 여부를 결정하는데 고민이 깊었다.

고심 끝에 해당 지역센터를 유지하기로 결정했다. 전 임직원이 신규 서비스 품목을 유치하고 해당센터의 매출 신장을 위해 영업에 매진했다. 그 수고가 결실을 맺어 해당 센터를 지켜냈고, 안정적인 수익을 만들어 낼 수 있었다. 만약 AI의 전망에 의존하여 해당 지역의 센터를 폐지했더라면, 다른 지역센터에도 부정적인 메시지를 주어 사업 전체의 존폐를 걱정했을 것이다.

네이버 클라우드의 한성숙 CEO는 "AI는 답을 찾아주지만, 질문을 설정하는 것은 여전히 인간의 영역"이라고 했다. 여기에 착안하면, AI 시대의 리더는 '모든 답을 아는 사람'이 아니라 '올바른 질문을 던지고 다양한 의견을 조율하는 사람'이다. 마치 오케스트라의 지휘자가 각 악기의 소리를 직접 내지는 않지만, 전체적인 조화와 방향성을 이끌어내듯 말이다.

2) 사람 중심의 조직 운영

기술보다는 사람에 초점을 맞춘 조직운영이다. AI의 데이터를 적극 활용하되, 동시에 신뢰와 공감을 잃지 않는 것이 중요하다. 데이터로만 해결되지 않는 '신뢰'를 얻어야 조직의 변화가 완성되기 때문이다. AI가 조직의 일부로 자리 잡으면, 단순한 자동화 도구가 아닌 조직의 일부인 시스템이 된다. 따라서 구성원들이 AI를 통해 역량을 강화할 수 있도록 방향성을 제시하고, 지치지 않도록 북돋워야 한다.

필자는 가전서비스 스타트업에서 AI를 기반으로 최적의 이동경로를 제안하고, 작업 매뉴얼을 구조화하여 실시간 서비스를 지원하는 자사 앱의 기능을 업데이트했다. 그런데 이후 현장에서 서비스의 속도와 품질에서 격차가 발생했다. 일부 서비스 마스터들이 AI 기반의 지원보다 본인의 경험에 의존했기 때문이다. 실제로 AI를 적극적으로 활용한 마스터들은 성과가 30% 이상 향상된 반면, 기존 방식을 고수한 마스터들은 12% 정도의 성과 하락을 경험했다.

AI 앱을 회사의 정책으로 밀어부칠수도 있었지만, 전국 순회 교육을 통해 마스터들의 현장 경험과 AI 앱의 강점을 결합하는 방향으로 소통하며 공감대를 형성했다. 그 결과 마스터들의 마음을 움직일 수 있었고, AI와 사람이 협력하는 문화가 정착되었다. 이후 거의 모든 마스터들의 성과가 좋아졌고, 전년 대비 매출도 약 40% 성장했다.

AI 앱의 사용률을 높이는 과정에서, 기술만으로는 사람의 마음을 얻기 어렵다는 사실을 다시금 깨달았다. 대한민국은 글로벌 수준의 디지털 인프라를 갖추었음에도 여전히 '정情'과 같은 관계적 가치를 중시한다. 그렇기에 AI와 같은 디지털 기술을 도입할 때도 '인간 중심의 변화 관리'가 성공의 핵심이라고 믿는다.

'AI 기술 자체'보다 '조직문화의 변화'에 더 큰 비중을 두었고, 의사결정의 과정과 결과가 조직의 문화와 비전에 적합한지를 판단하는데 심혈을 기울였다. 리더의 관점에서는 조금 더딜지라도 목적에 부합하는 한 걸음을 내딛을 때 구성원에게는 더 크고 의미있게 다가올 수 있음을 믿기 때문이다.

3) 데이터 기반 인간 중심의 리더십

AI가 만든 데이터를 기반으로 인간 중심의 리더십을 조화롭게 펼친다. AI가 단순하고 반복적인 업무를 대신하게 하고, 구성원들의 창의성과 감성 지능을 키우는 데 더욱 집중한다. AI는 특정 패턴을 인식하고 업무를 자동화할 수 있지만, 인간적인 공감과 소통, 동기 부여의 영역에 대해서는 아직 해결할 과제가 남아 있다. 따라서 구성원들이 AI를 보조 도구로 활용하도록 유도하는 동시에 인간 고유의 강점을 극대화하는 조직 문화를 조성한다.

한 사례로, 아파트 단위의 공동구매를 추진하면서 온라인으로 접수한 고객의 설치 요청과 입금 내역을 확인하는 과정이 예상보다 복잡했다. 고객이 잘못된 정보를 입력하거나, 비용을 지불한 고객과 설치서비스를 받는 실사용자가 서로 달라 데이터를 분류하기 어려운 경우도 있었다. 이를 해결하기 위해 AI로 주소별 평형, 제품명에 대한 패턴을 찾고, 주문 고객과 실사용자를 매칭하여 입금 내역을 불러와 확인하도록 자동화를 시도했다.

그런데 예상과 달리 업무에 속도가 나지 않고, 고객불만이 터져나왔다. 담당자에게 이유를 물어보니 "AI가 내 업무를 대체할 것 같아서 무력감이 들고 불안하다"며, 앞으로 어떻게 해야 할지 갈피를 잡지 못하고 업무 의욕을 잃은 모습이었다. 이에 자동화로 확보한 여유 시간을 고객의 요구 파악과 관계 형성에 투입하도록 업무 방향을 전환하고, 업셀링upselling을 하도록 촉진했다. 그 결과 역대 최고의 고객만족도를 기록하고, 주민자치회로부터 차기 공동구매까지 약속받는 성과를 얻었다. 이는 AI로 만든 일회성 요행이 아니라, 조직 전체가 사업의 업적result과 장기적 영향impact에 집중한 결과였다.

한국인에게는 '눈치'와 '기지'라는 독특한 개념이 있다. 이는 데이터로 환원될 수 없는 상황 인지 능력과 창의적 문제해결 능력을 의미한다. 서울대학교 심리학과 최인철 교수는 "한국형 리더십의 강점인 '눈치'와 '기지'가 AI 시대에 더욱 가치 있는 역량이 될 것"이라고 전망했다.

'눈치'는 사회적 관계에서 다른 사람의 기분 또는 주어진 상황을 빠르게 알아차리는 능력이고, '기지'는 경우에 따라 재치 있게 대응하는 지혜를 뜻한다. AI 비서agent가 팀 단위로 협력하더라도, '눈치'와 '기지'를 능동적으로 발휘하는 것은 매우 어려운 도전 과제이다. 어쩌면 초개인화 시대에 리더는 사회적 기술이 부족한 구성원들이 '눈치'를 개발할 수 있도록 돕는 역할을 맡아야 할지도 모른다. 나아가 문제의 본질을 간파하고 돌파해내는 '기지'를 함양하도록 지도할 책임이 따를 것이다.

AI와 인간 중심 리더십의 균형을 어떻게 맞출 것인가?

의사결정 도구로 사용
AI를 도구로 사용하되,
최종결정을 인간이 내림으로써
데이터와 직관의 균형을 맞춘다.

사람 중심의 조직 운영
AI가 생성한 데이터를 활용하여
신뢰와 공감을 구축하여
조직의 역량 강화한다.

데이터 기반 인간 중심의 리더십
AI로 단순 업무를 자동화하고,
창의성과 감성 지능을 발휘하도록
리더십을 발휘한다.

2

'인간적인' 리더만이
할 수 있는 3대 역할

AI가 아무리 발전하더라도, 인간만이 독점하는 리더십 영역은 분명 존재한다. AI는 계산과 분석 능력은 탁월하지만, 공감, 창의적 문제 해결, 윤리적 판단과 같은 영역에서는 여전히 인간이 우위에 있다. 특히 리더가 수행해야 하는 세 가지 역할은 AI가 대체할 수 없는 인간 고유의 역량에 기반한다.

1) 전략적 비전 수립자: 미래를 그리는 화가

2023년 11월, 하버드 비즈니스 리뷰Harvard Business Review는 "AI는 '어떤 길이 안전한가'를 알려줄 수 있지만, '우리가 어디로 가고 싶은가'를 정하는 건 리더의 몫"이라고 강조했다. AI는 과거의 데이터를 바탕으로 미래를 예측할 수는 있지만, 완전히 새로운 미래를 상상할 수는 없다. 예를 들어, 새로운 시장에 진출하거나 조직 문화를 혁신하려면 데이터뿐 아니라 직관, 상상력, 맥락적 이해가 필요하다.

테슬라의 일론 머스크Elon Musk는 AI를 활용해 생산 라인을 최적화하지만, 화성 탐사라는 비전을 세우는 건 그의 인간적 상상력과 통찰이다. 리더는 단순히 숫자를 읽는 사람이 아니라, 숫자 너머의 그림을 그리는 사람이다. AI는 붓과 물감을 줄 수 있지만, 캔버스에 걸작을 그리는 것은 리더의 손이다. 구성원들은 섬세하고 정교한 비전보다는, 공감되고 따르고 싶은 비전에 더 깊이 끌린다. 사람의 마음을 움직이는 매력적인 비전을 제시하는 사람이 곧 리더이다.

2) 창의적 문제해결자: 혁신과 실험 문화 조성

한국은 위계적 조직문화로 인해 자유로운 실험과 의견 개진이 비교적 제한적이었다. 그러나 최근에는 IT 기업을 중심으로 수평적 소통과 창의적 실험을 장려하는 문화가 점차 확산되고 있다. 예컨대, 네이버는 2022년부터 '실험실' 제도를 도입해 직원들이 업무 시간의 20%를 자유로운 아이디어 개발에 사용할 수 있도록 했다. 이 제도를 통해 개발된 'AiTEMS' 추천 기술은 네이버 쇼핑의 개인화 서비스에 성공적으로 적용되었다. 카카오의 김범수 의장 역시 2022년 신입사원 환영식에서 "오늘의 정답이 내일의 정답이 아닐 수 있는 시대에, 끊임없이 질문하고 실험하는 문화가 혁신의 원동력"이라고 강조했다.

이제 질문을 가진 누구라도 리더가 될 수 있다. 리더는 기존의 관점을 넘어서는 혁신적인 아이디어를 제시하고, 복잡한 문제 속에서 새로운 기회를 발견하며, 다양한 관점을 조합해 최적의 해결책을 이끌어내는 촉진자이자 창의적 문제해결자다. 문제를 해결하고자 한다면, 조직 내에서 구성원들이 자유롭게 질문할 수 있는 문화를 갖추고 있는지 먼저 점검해보자.

3) 팀 개발자: 사람을 키우는 정원사

리더는 정원사와 같다. AI가 씨앗과 비료를 줄 수 있지만, 물과 햇빛을 조절하며 꽃을 피우는 것은 리더의 섬세한 손길이다. AI는 성과 데이터를 분석하고 교육 과정을 추천할 수 있지만, 구성원 한 사람 한 사람의 꿈과 두려움을 이해하고, 그에 맞춰 진정성 있게 코칭하는 일은 리더의 역할이다.

'인간적인' 리더의 3대 역할

전략적 비전 수립
미래를 형성하는 비전 창출

창의적 문제 해결
혁신과 실험 문화 조성

팀 개발
개인의 성장과 잠재력 육성

2023년 잡코리아의 설문조사에 따르면, 한국 직장인의 78%가 '업무 성과'보다 '정서적 지지'를 제공하는 상사를 더 선호한다고 응답했다. 이는 리더십의 본질이 단순한 실적 관리에 있지 않고, 사람에 대한 진심 어린 관심과 지원에 있다는 점을 잘 보여준다. 구성원의 역량이 성장하면 자연스럽게 업무 효율이 향상되고, 창의적인 아이디어가 샘솟으며, 결국에는 놀라운 성과로 이어진다. 사람을 성장시키는 리더는 자연스럽게 존경과 신뢰를 얻게 되고, '진정한 리더'로서의 입지를 굳건히 다지게 될 것이다.

3

리더라면
'신뢰 자본가'처럼 행동하라

AI 시대의 리더는 무엇보다 '신뢰 자본'을 쌓아야 한다. 신뢰는 조직의 가장 중요한 무형 자산이며, 그것은 리더의 행동과 태도에서 비롯된다. 조직에서 신뢰를 쌓으려면 투명하고 일관된 태도가 필수다. 비록 AI를 활용해 데이터 기반으로 의사결정을 내리더라도, 그 과정과 결과를 구성원들에게 명확하게 설명하는 노력이 필요하다. 불확실한 상황 속에서도 솔직하게 소통하고, 조직의 방향성과 목표를 지속적으로 공유하며, 의사결정의 배경을 투명하게 밝힐 때, 비로소 리더는 신뢰를 구축할 수 있다.

또한, 리더는 공감을 기반으로 한 리더십을 발휘해야 한다. 멀티모달 기술의 발달로 AI 역시 인간의 감정에 반응하고 공감하는 듯한 표현을 할 수 있게 되었지만, 진정한 공감은 상대의 입장을 이해하고 함께 느끼는 감정적 연결에서 비롯된다. 인간적인 리더는 구성원들의 감정을 더 깊이 이해하고, 그들의 고민과 입장에서 함께 나누며 한층 두터운 공감대를 형성할 수 있다. 단순한 업무 지시가 아니라 그들의 성장을 지원하는 동반자로서 구성원의 신뢰를 얻는 리더가 되어야 한다.

리더가 구축한 '신뢰 울타리' 안에서 구성원들은 심리적 안전감을 느끼고, 자신의 강점을 자유롭게 발휘하며 성장한다. 리더를 울타리로 비유하는 이유는, 조직심리학에서 리더를 개인이 아닌 환경변수처럼 다루기 때문이다. 즉, 리더는 구성원이 일하는 환경 그 자체이며, 신뢰로 구축된 울타리는 구성원에게 안전감과 자율성을 동시에 제공한다.

조직 변화는 늘 불확실성과 저항을 동반한다. 이럴 때일수록 리더는 등대 같은 존재가 되어야 한다. AI가 변화에 필요한 데이터를 제공할 때, 리더는 구성원들의 불안을 달래고, 새로운 방향으로 이끌어야 한다.

2023년 7월 갤럽Gallup의 연구에 따르면, 직원 참여를 높이는 가장 큰 요인은 리더와의 신뢰이다. 이는 AI가 아닌 인간적인 상호작용을 통해 형성된다. 에델만Edelman의 2023년 '신뢰 바로미터' 조사 결과에서도 구성원이 리더를 신뢰하는 기업은 그렇지 않은 기업보다 평균 22% 높은 수익률을 기록한 것으로 나타났다. 이는 신뢰가 조직 성과에 미치는 실질적인 영향을 보여준다.

예를 들어보자. 팬데믹 이후 원격 근무로 전환한 구성원에게 "이제부터 Zoom 쓰세요"라고 일방적으로 지시하는 리더와, "원격 근무가 불편할 수 있겠죠. 우리 매주 점심시간에 온라인으로 편하게 얘기 나눠볼까요?"라고 다가가는 리더의 차이를 생각해보자. 후자와 같은 리더가 구성원들의 마음을 얻고 변화를 보다 부드럽고 안정적으로 이끌 가능성이 높다.

마지막으로, 신뢰를 기반으로 한 AI 활용 전략을 수립해야 한다. 조직에 AI를 도입할 때 구성원 간 신뢰가 부족하다면, 구성원들은 자신의 일자리를 위협받는다고 느끼고 심리적으로 방어적인 태도를 보이기 쉽다. AI가 구성원의 성장을 방해하는 존재가 아니라, 그들의 역량을 확장시켜주는 파트너임을 설득하자. 어떤 영역을 AI가 보완할 수 있는지, 그리고

AI 시대의 신뢰 구축

01 신뢰 자본의 필요성 식별
02 투명성과 일관성 유지
03 공감 기반 리더십 발휘
04 불확실성을 안내하는 역할
05 AI 도구 활용 신뢰 포지셔닝

인간 고유의 역할이 무엇인지 분명히 구분하자. AI가 인간의 능력을 대체하는 것이 아니라 증폭시키는 방향으로 전략을 수립하자. 그래야만 구성원은 AI를 받아들이고, 변화 속에서 성장할 것이다.

AI 시대, '인간미'가 필요하다

과거에는 리더가 완벽함과 권위를 보여야 한다는 기대가 있었지만 최근에는 이런 인식이 변하고 있다. 리더가 모든 것을 알고 있다는 가식보다는 자신의 한계를 인정하는 취약성의 표현이 진정성 있는 리더십의 표지가 되고 있다. 이는 마치 오래된 한옥의 나무 기둥이 강철보다 유연하면서도 집 전체를 안정적으로 지탱하는 것과 같다. 2023년 한국리더십학회는 젊은 세대일수록 '권위적인 리더'보다 '솔직하고 인간적인 리더'를 선호하는 경향이 뚜렷하다며, 리더의 진정성있는 '인간미'를 요청했다.

AI가 할 수 있는 일이 늘어날수록, 인간만이 할 수 있는 일에 집중하는 리더가 돋보이게 될 것이다. 냉철한 알고리즘 사이에서 따뜻한 '인간적 접촉'의 가치가 재발견되는 시대, 기술을 다루는 능력보다 사람을 이해하는 능력이 더 중요한 리더십의 요소가 되고 있다. 이것이 바로 AI 시대가 역설적으로 가져온 '인간성의 르네상스'이다.

리더포비아를 극복하는
신뢰받는 리더의 법칙

최준오

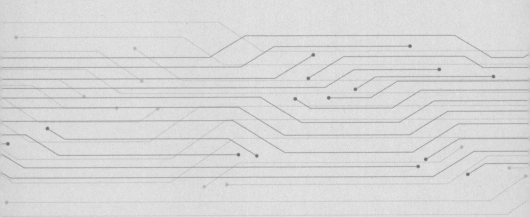

1

리더포비아 현상과 주요 원인

AI 시대에 접어들면서 기술적 변화 못지 않게 대다수의 직장인들이 근무하고 있는 조직에도 많은 변화가 일어나고 있다. 생성형 AI로 대변되는 새로운 기술의 도입으로 조직 생산성 이슈와 함께 이러한 기술들에 거부감이 별로 없는 Z세대들이 조직의 주역으로 부상하고 있는 것이 그러한 변화라 할 수 있다. 어찌보면 긍정적일 수 있지만, 새로운 변화에는 반대급부가 있기 마련이다. 이러한 상황 속에서 최근 '리더포비아'라는 현상이 새롭게 부각되고 있다. 포비아는 공포증으로 보통 해석이 되는데, 이는 대수롭지 않은 일을 늘 크게 생각하여 두려워하고 고민하며 불안을 느끼고 자기 통제를 하지 못하는 병적 증상을 의미한다. 하지만 리더포비아를 병적인 증상으로만 볼 수만은 없을 것이며, 조직에서 리더가 되는 것에 대한 두려움을 가지는 구성원이 많다고 봐야 할 것이다.

몇 년 전 현업 HR부서장으로 있을 때 눈 여겨 보던 과장급 구성원이 있었다. 정례적인 원온원 미팅에서 그 구성원에게 "가까운 미래에 팀장이 되려면 이러이러한 것들을 준비해야 돼요"라고 코칭을 했었는데, 놀랍게도 돌아온 답변은 다음과 같다.

"실장님, 저는 팀장이 되고 싶지 않습니다. 누군가를 책임질 준비가 되어 있지도 않고 용기도 없습니다. 그리고 하고 싶지도 않습니다."

사실 깜짝 놀랐다. 전도유망한 일 잘하던 구성원이었고, 또한 팀워크를 위해 솔선수범하며 항상 발 벗고 나서던 사람이었기 때문이다. 왜 그런 생각을 했는지 그 당시에는 이해가 잘 안가기도 했다. "나도 그런 생각을 했던 적이 있던가?'라고 생각해 보기도 했고, 만약 지금 상황이라면 '나 역시 그런 생각이 드려나?' 등 여러 생각이 들었었다. 마음을 다잡고 여러 차례 리더로서의 비전에 대해서도 이야기를 했었고, 겉으로는 본인도 알겠다고는 했지만, 실제로 본인의 생각이 바뀌었는지는 의구심이 들었다. 돌이켜보니 요즘 여기저기서 회자되는 리더포비아가 아닌가라는 생각이 든다.

왜 이러한 리더포비아 현상이 계속 부각되고 있을까?

이는 AI 기술의 발전과 함께 사회적 인식 변화 등과도 밀접한 관련이 있다고 생각한다.

AI 기술이 급격히 발전하면서 인간의 역할이 축소되는 것에 대한 일종의 불안감도 하나의 원인으로 볼 수 있있다. AI가 인간의 직무를 대체할 것이며, 또한 높은 생산성을 보이기 때문에 자신이 향후 리더로서의 역할을 제대로 수행할 수 없게 될 것을 우려하고 있다. 또한 AI 기술이 의사결정에 활용되는 상황조차도 책임 부담이 커진다는 점을 들 수 있다. 혹여 AI가 잘못된 결정을 내렸을 때도, 그 책임은 결국 리더에게 돌아오기 때문에 리더 되기를 꺼려할 수 있는 것이다. 많은 리더들이 권한은 축소되는데 책임은 늘고 있다고 인식하는 것과 궤를 같이한다 볼 수 있다.

이러한 관점에 더해 칭화 대학의 첸 장교수는 '리더십 위험인지'라는 개념을 대인 관계 리스크, 이미지 리스크, 책임 리스크라는 세 가지 유형으로 제시하였다.

▶ 대인관계 리스크: 리더가 됨으로써 잘 지내던 동료와의 관계가 소원해지거나 자신을 싫어하게 될 것이라는 등의 두려움
▶ 이미지 리스크: 다른 사람들에게 자신의 이미지가 안 좋아질 거라는 두려움 우월해야 하거나 강압적으로 보일 것 같다는 두려움
▶ 책임 리스크: 리더로서 실패에 대한 책임을 져야 하는 두려움 프로젝트 실패의 책임이 온전히 리더인 자신에게 있는 두려움

현업에 있을 때 후배들과의 원온원 미팅을 진행하다보면 위의 세가지 사항의 두려움에 대한 토로도 상당 부분 차지했던 것으로 기억한다.

그리고 리더의 워라밸 확보의 어려움이다. 리더가 되면 업무량과 책임이 증가하지만, 인정과 보상은 그에 비례하지 않는데서 오는 실망감도 있을 것이다. 또한 워라밸 마저 제대로 보장받을 수 없다는 점을 잘 알고 있다. 업무만큼 개인의 여가 생활이 중요해진 요즘 리더가 됨으로써 오는 기회비용의 상실이 그러한 요인이라 할 수 있다.

마지막으로 롤 모델Role Model의 부재도 원인이라 하겠다.

조직 구성원들은 직속 상사나 선배들의 모습을 보고 직장에서의 비전을 가지기 마련이다. 그러나 잦은 구조조정과 은퇴 후 선배들의 모습, 그리고 현 직장 리더들에 대한 실망감으로 커리어 골Goal을 조직내 성공으로 설정하는데에 대한 부정적 인식이 많은 것 같다.

2

리더포비아가 조직에 미치는 영향과 해결 방안

1) 조직에 미치는 영향

리더포비아가 특정 집단의 문제나 일시적인 현상이라면 큰 문제는 없을 것이다. 하지만, 사회 전반적으로 확산이 되고 있고 목표달성을 추구하는 조직이라면 이에 대한 명확한 원인 분석과 솔루션을 찾는 것이 필요하다.

그렇다면, 리더포비아가 조직에 미치는 영향은 어떠한지 살펴보도록 하겠다.

구분	주요 영향
조직 생산성	• 리더십 공백으로 인한 조직 운영 불안정 • 책임 회피 및 의사결정 지연 • 혁신과 성장 둔화
조직 몰입도	• 낮은 조직 몰입도 • 조직 로열티 감소 • 승진과 성장 동기 저하
조직 문화	• 리더십 부재로 인한 혼란 • 개인주의 및 무책임 문화 확산 • 소극적인 조직 분위기 형성

조직 생산성 저하

구성원들의 승진 기피로 인해 파트장, 팀장 등으로 승진하는 것을 꺼려하는 만큼 리더십 공백이 우려된다. 예비 리더 포함 현재의 중간관리자 역시 상위 리더로의 역할 확장에 우려가 있다. 유능한 구성원이 리더 역할을 거부하면, 가까운 미래에 차세대 리더 선발이 어렵고, 조직 운영 역시 불안정해질 것이다. 리더십 부재가 지속되면 의사결정 속도가 느려지고, 업무 진행이 비효율적으로 되는 것은 자명한 사실이다.

또한, 책임 회피 및 의사결정 지연이 빈번해질 것이다.

구성원들이 리더 역할을 꺼리면서 책임을 떠넘기는 것을 지속적으로 학습하게 되면서 조직 성과에도 악영향을 미치게 된다. 주도적으로 업무 방향을 정하려는 사람이 부족하여 의사결정이 지연되고, 업무 추진력은 약화되게 될 것이다. 결국, 조직의 혁신과 성장의 둔화를 가져올 것이다. 리더십을 기피하는 풍토가 확산되면, 도전적인 프로젝트나 혁신적인 시도를 주도할 사람이 부족해진다. 이러한 경우 조직은 점점 경쟁력이 떨어지고, 지속가능한 성장 또한 어려워지게 될 것이다.

많은 조직에서 '일할 사람이 없다'라는 말을 흔치 않게 들어볼 수 있다. 모두가 열심히 일하는 상황인데도 리더와 구성원의 성과에 대한 눈높이의 불일치 현상은 가속되는 상황이다. 조직에서 최우선으로 신경쓰는 사항은 바로 생산성이다. 생산성 저하를 막기 위해서라도 리더포비아 현상은 시급히 해결되어야 하는 문제이다.

조직 몰입도 약화

리더가 되기를 꺼리는 직원들은 조직에서 장기적으로 성장하려는 의지가 약한 경우가 많다. 리더십을 회피하는 문화가 확산될수록 구성원들은 조직과 자신의 미래를 연계하지 않으려는 경향이 커지게 될 뿐이다. 즉, 조직몰입도 수준 역시 낮아질 것이다.

이는 조직 로열티 감소로도 연결된다 할 수 있다.

우스개 소리로 주인의식은 '주인을 의식하는 것'이라는 말을 들어본 적 있을 것이다. 예전 상황에 비해 구성원의 조직을 바라보는 관점은 많이 달라졌다고 볼 수 있다.

또한 승진이나 보임이 동기부여 요소가 되지 않으면서 조직에 대한 애착이나 충성심은 약해질 수밖에 없다. 구성원들은 조직에 헌신하고 성장하기 보다는 개인적인 성취나 외부 기회 탐색을 우선시하는 경향이 높아지게 될 것이다.

구성원들의 몰입과 헌신이야말로 조직의 지속가능성을 담보하는 필수 요소라 할 것이다. 예전처럼 조직 로열티 강화를 위한 여러 활동의 효과성을 보기는 쉽지 않은 현상황에서 이벤트 중심이 아닌 조직 몰입도의 본질적 요소에 접근하려는 시도가 필요하리라 본다.

이는 리더포비아 현상이 조직 몰입도에 높은 연관 관계를 갖기 때문이다.

조직문화 악영향

리더가 되기를 꺼리는 문화가 확산되면 리더십 계층이 취약해지고, 지속적인 공백이 발생할 가능성이 크다. 중요한 시기에 의사결정 주체가 모호해지면 조직 운영의 혼란감이 높아지게 될 것이다.

개인주의 및 무책임 문화 확산 또한 경계해야 할 것이다.

앞에서 살펴본 바와 같이 조직 전체적으로 책임을 회피하는 분위기가 형성될 가능성이 높다. 결국 같은 맥락으로 어려운 문제나 도전적인 과제에 직면했을 때 누군가 나서서 해결하려 하지 않고, 소극적인 태도를 보일 가능성이 높아질 수 있다.

많은 조직들이 조직문화를 강화하기 위해 전담 조직을 구성하는 등 다양한 시도를 하고 있다. 필자 역시 조직문화 담당자로서 많은 일들을 했지만, '실제 목표하는 바를 달성했는가'를 묻는다면, 자신있게 답변할 수는 없는 것 같다. 하지만 조직문화라는 것이 실체가 모호하다 해서 리더포비아의 현상과 원인을 진단하고 문제점을 해결하지 않으면 노력 대비 실효성은 크다 할 수 없을 것이다.

그렇다면, 이러한 리더포비아가 주는 부정적 영향을 해소하려면 어떻게 해야 할까? 조직 차원의 고민과 리더 차원의 해결 방안으로 나눠서 살펴보고자 한다.

2) 조직 차원의 해결 방안

리더포비아 현상을 해결하기 위해서는 여러 접근방안이 필요하다. 먼저 조직 차원의 해결방안을 제시하고자 한다. 조직은 리더포비아 대상이 되는 예비 리더급에게만 초점을 맞춰서는 안 되고, 현재의 리더들 역시 방관이 아닌 같은 맥락에서 관심을 기울여야 한다.

AI 리터러시 강화 측면에서 리더를 대상으로 AI 활용 교육 프로그램을 제공하고, 실습을 통해 현업에서 능숙하게 활용할 수 있도록 해야 한다. 즉, AI 기술이 두려운 것이 아니라 생산성을 향상시킬 수 있으며, 리더 의사결정에 도움이 된다는 인식을 높여야 한다.

이와 함께 정례적인 리더십 교육을 통해 리더 역량을 강화하고, AI 시대에 맞는 새로운 리더십 모델을 개발해야 한다. 예를 들어, AI를 효과적으로 활용하여 팀원들과 협력하고, 더 나은 결과를 도출할 수 있는 리더십 모델을 확보해야 할 것이다.

그리고 업무 성과 책임을 리더 혼자 지는 것이 아니라, 구성원들과 함께 분담할 수 있는 시스템을 만드는 것이 중요하다. 즉, 명확한 책임 분담 체계를 마련하고, 팀원들이 서로의 역할과 책임을 명확히 이해할 수 있도록 수시로 공유해야 한다. 일하는 방식에 있어서도 부서 내 또는 부서간 집단지성을 활용하여 성과를 낼 수 있도록 하는 체제를 만들고, 이를 평가 시스템에도 적극적으로 반영할 필요가 있다.

또한, 리더들의 자신감 회복과 역할을 제대로 수행할 수 있는 심리적 지원이 필요하다. 즉, 심리 상담 프로그램을 제공하고, 리더가 자신의 감정과 두려움을 털어놓을 수 있는 기회를 제공하는 것이다. 예를 들어, 코칭과 심리 상담을 통해 효과적인 리더십을 발휘하는 방법을 찾을 수 있도록 지원해야 한다. HR 부서에서 반드시 고민했으면 좋겠다.

그밖에 많은 접근 방식이 있을 것이다. 중요한 것은 현재의 리더 또는 예비 리더들이 리더 역할이 부담스러운 것이 아니라 새로운 기회를 모색하고 경력개발에도 도움이 된다는 점을 수시로 소통해야 한다. 당위성 강조가 아닌 제도, 조직문화를 동시에 신경써야 효과 있을 것이다.

3

요즘 리더들의
신뢰 리더십 실천 방법

    앞에서는 조직차원의 리더포비아 해결방안을 제시했다면, 이번에는 리더 개인의 실천방안을 이야기하고자 한다. 리더십은 타인에게 영향력을 행사하여 바람직한 방향으로 이끌어 성과를 창출하는 것이라 할 수 있다. 여러 리더십의 접근 방식이 있겠지만, 반드시 신뢰가 기반이 되는 리더십이어야만 구성원들을 바람직한 방향으로 이끌 수 있다고 생각한다. 리더는 신뢰 기반 리더십의 실천을 통해 구성원들의 리더포비아 현상을 어느 정도 해결해 줄 수 있을 것이다.

    리더라면 구성원들의 실패를 관망하며 비난하기보다 학습의 기회로 활용하고, 도전을 장려하는 노력이 필요하다. 실패를 두려워하지 않는 풍토를 조성하여 구성원들이 리더 역할을 부담스럽게 여기지 않도록 해야 한다. 즉, 심리적 안전감을 조성해야 한다.

    그리고 리더 역할을 자연스럽게 경험할 수 있도록 소규모 리더십 기회 예: 프로젝트 리드, 멘토링 등를 제공하여 성공체험을 맛보게 해야 한다. 이를 통해 예비 리더들이 보람을 느끼고 긍정적인 피드백을 받을 수 있도록 지원해 준다면 막연한 리더포비아를 어느정도 해소할 수 있을 것이다.

의사결정에 있어서도 권한을 독점하는 대신, 구성원들과 협력하는 방식으로 조직을 운영하는 것을 추천한다. 상명하달식 또는 마이크로 매니징보다는 의견 공유 및 협업 환경을 조성하여 리더 역할의 부담을 완화시켜야 한다. 이를 통해 리더십이 부담스럽지 않다는 인식을 줄 수 있다.

인정과 피드백의 상시화도 필요하다. 공식적인 성과 평가가 아니라 하더라도 일상에서 리더십을 발휘한 직원들에게 적절한 보상과 인정을 적시에 제공하는 것도 하나의 방안이다. 공정하고 긍정적인 피드백을 통해 리더십이 성장과 보상을 가져오는 경험이라는 인식을 확산할 수 있을 것이다.

마지막으로 롤 모델로서의 리더의 모습이다. 새로운 시도를 장려하고, 도전을 통해 배운 점을 공유하는 것, 그리고 리더의 솔선수범과 도전하는 모습을 보여준다면 구성원들에게 긍정적 영향을 끼칠 것이다. '나도 리더가 되고 싶다'는 마음을 갖게 하는 계기가 될 수 있다.

이러한 신뢰기반 리더십 실천을 통해 구성원들의 리더포비아를 완화하고, 조직의 지속적인 성장과 발전을 가져오는데 일조할 수 있을 것이라 생각한다. 필자 역시 위에서 제시한 리더의 모습이 되고자 부단히도 노력했던 기억이 난다. 다른 건 모르겠지만, 조직을 떠난 지금 시점에서도 후배들과 스스럼없이 만날 수 있다는 면에서는 절반 이상의 성공은 아닌가 자문해 본다. 물론, 새로운 조직에서도 훌륭한 리더가 되기 위한 도전들은 계속되고 있다.

4부

탁월한 리더가 되는 7가지 방법

AI 시대, 변하지 않는 리더십의 원칙

황교석

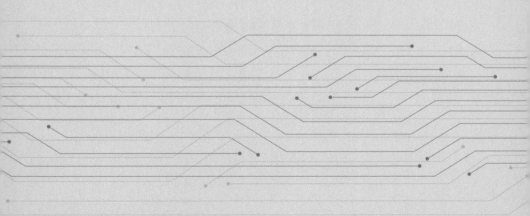

1

AI 시대에도 리더십의 본질은 결국 "사람"이다

AI 시대가 도래했지만, 리더십의 본질은 여전히 '사람'에 있다

사람과 사람 사이에서 이루어지는 소통과 공감은 시대를 막론하고 리더십의 핵심 요소다. 기술은 끊임없이 발전하고 다양한 디지털 도구들은 끊임없이 등장하고 있지만, 그 도구를 활용해 도전하고 혁신을 이끄는 주체는 사람이며, 그 사람들을 움직이는 힘이 바로 리더십이다.

필자는 약 28년간의 회사 생활 동안, 다양한 사람들과 소통하며 좋은 리더십 롤모델을 가까이에서 볼 수 있었다. 그분은 어려운 상황에서도 쉽게 화를 내거나 남을 탓하지 않았다. 문제의 본질을 파악하고, 해결 방안을 찾기 위해 먼저 행동하는 모습을 보여주셨다. 그런 태도는 자연스럽게 신뢰를 이끌어냈고, 퇴사 이후에도 후배들과의 관계는 계속 이어졌다. 리더십은 단순한 스킬이 아니라, 리더 자신의 '품격'이 드러나는 태도와 삶의 방식인 것이다.

품격 있는 리더는 억지로 연출하지 않아도 자연스럽게 영향력을 발휘한다. 신뢰와 존중을 중시하는 리더는 말과 행동에서 그 철학이 묻어나며, 반대로 권위를 앞세우는 리더는 구성원의 일시적 순응은 얻을 수 있을지 몰라도, 지속적인 몰입과 자발성은 이끌어내기 어렵다. 결국 리더십은 '사람됨'에서 출발하며, 리더가 어떤 가치관과 태도를 갖고 살아가느냐가 핵심인 것이다.

AI 시대의 좋은 리더는 어떤 사람인가?

좋은 리더가 되기 위해 단순한 이론이나 기술을 습득하는 것만으로는 부족하다. 자신을 돌아보며 내면의 힘을 기르고, 성찰과 성장을 지속하는 자세가 필요하다.

몇 해 전, 필자가 부서장으로서 한 조직을 맡았을 때의 이야기다. 가장 먼저 한 일은 전 구성원과 1:1 면담을 진행한 것이었다. 각자의 고충을 경청하고, 앞으로 우리가 함께 만들어갈 비전과 목표를 공유했다. 구성원들이 자연스럽게 공동의 목표를 향해 나아가리라 기대했다. 그러나 현실은 달랐다.

구성원들은 각자의 업무를 성실히 수행하고 있었지만, 내가 기대한 변화의 속도는 따라오지 않았다. 답답한 나머지 내가 직접 업무를 주도하기 시작했고, 이 과정에서 의사결정에서 소외된 구성원들은 점차 거리감을 느끼기 시작했다. 어느새 나는 번아웃 상태에 빠졌고, "이렇게 헌신하는데 왜 몰라줄까" 하는 섭섭함이 쌓여 갔으며, 조직의 활력도는 저하되기 시작했다.

지금 돌이켜보면, 사람은 몇 번의 대화만으로 쉽게 변하지 않는다. 관성의 법칙처럼, 사람의 변화에는 꾸준한 신뢰 형성의 시간과 노력이 필요하다.

결국 리더십은 진심에서 비롯된다. 리더십 전문가 존 맥스웰John Max-well은 말했다.

"리더십은 영향력이며, 그 영향력은 반복적인 행동에서 비롯된다."

한 번의 회의, 감동적인 연설, 몇 차례의 소통만으로는 조직의 변화를 이끌어내기 어렵다. 꾸준한 관심과 일관된 태도, 반복되는 진심이 쌓일 때 리더십은 진정한 힘을 발휘한다. AI 시대라고 해서 리더십의 본질이 달라지는 것은 아니다. 기술은 어디까지나 '도구'이며, 그 도구를 통해 사람을 움직이고 함께 성장하게 만드는 힘은 진정성에서 출발한다.

디지털 시대에도 변하지 않는 리더십의 원칙은 '사람을 향한 진심'이다. 사람은 결국 진심이 느껴지는 리더에게 마음을 열고, 그런 리더를 중심으로 조직은 변화하고 성장하게 된다.

2

분석하는 AI, 결정하는 리더

디지털 혁신이 가속화되면서 AI의 역할은 점점 커지고 있다. AI는 방대한 데이터를 분석하고, 패턴을 찾아 최적의 대안을 제시하는 강력한 도구로 자리 잡았다. 그러나 아무리 정교한 분석이 가능하더라도, 최종 판단과 결정은 여전히 리더의 몫이다. 그 이유는, 데이터 이면에 숨겨진 감성적 요소나 조직 고유의 정성적 맥락은 AI가 완전히 해석하기 어렵기 때문이다.

'분석하는 AI'와 '결정하는 리더'는 대립적인 존재가 아니라, 상호 보완적인 협력 관계다. AI는 객관적 데이터 기반의 인사이트를 제공하고, 리더는 그 결과를 사람 중심의 가치와 조직 문화에 맞게 조율한다. 이 과정에서 리더는 이해관계자들과 긴밀히 소통하며, AI의 한계를 보완하고 더 넓은 시야로 최선의 결정을 내리기 위해 노력해야 한다. 또한, 의사결정 과정에서 발생할 수 있는 윤리적 이슈나 리스크를 사전에 점검하고 관리하는 것 역시 리더의 책무다.

필자는 신입사원 시절, HRD 담당자로서 교육 과정이 끝나면 교육생을 대상으로 만족도 조사를 실시하고, 그 결과를 바탕으로 다음 교육의 개선 방안을 마련했다. 당시에는 조사지를 종이로 배포했고, 직접 엑셀에 입력하여 분석했다. 이 과정은 시간이 오래 걸렸고, 휴먼 에러가 발생할 위험성도 존재했다.

하지만 지금은 네이버폼이나 구글폼을 통해 교육생들이 직접 온라인으로 응답하고, 시스템에서 즉시 결과를 분석해준다. 매년 10월경 실시하는 차년도 인재육성계획 수립을 위한 교육 니즈 조사 역시 모바일 설문을 통해 효과적으로 방대한 데이터를 수집하고 분석할 수 있게 되었다. 이처럼 디지털 도구의 도입은 교육 니즈 조사, 과정 설계, 평가 및 분석 업무 전반을 개선해 주고 있다.

AI는 수많은 데이터를 기반으로 패턴과 경향을 추출하며, 이를 통해 예측과 문제 해결의 실마리를 제공한다. 복잡한 알고리즘과 머신러닝 기술은 사람이 놓칠 수 있는 작은 징후까지 포착해주며, 빠르고 정확한 분석을 가능하게 한다. 그러나 AI는 인간의 창의성, 직관력, 상황 판단력 같은 비정형적 역량을 온전히 대체할 수 없다는 한계도 분명히 존재한다.

결국, AI는 강력한 분석 도구이지만, 최종적인 판단과 결정은 리더의 몫이다. 조직은 기술과 인간의 협업을 통해 시너지를 창출해야 하며, 이것이 곧 조직의 미래를 여는 핵심 역량이 될 것이다.

3

AI 시대, 신뢰받는 리더의
3가지 특징

AI 시대에 접어들면서 조직은 정보의 홍수와 빠른 변화의 환경에 직면해 있다. 이러한 변화 속에서 리더가 구성원의 신뢰를 얻고 효과적인 리더십을 발휘하기 위해서는 데이터 중심적 사고뿐만 아니라, 진정성 있게 사람을 대하는 균형 잡힌 사고를 갖추어야 한다. AI 시대에 신뢰받는 리더가 갖춰야 할 세 가지 특징을 다음과 같이 정리해 보았다.

데이터에 기반한 의사결정에 인간적 통찰을 더하는 리더

AI는 방대한 데이터를 분석해 최적의 대안을 제시할 수 있지만, 데이터만으로는 온전한 의사결정을 내리기 어렵다. 기술이 고도화될수록 사람 사이의 신뢰와 같은 보이지 않는 요소의 중요성은 더욱 커진다.

예를 들면, 생산성 향상을 위한 AI 기반 신기술 도입으로 기존 인력에 대한 구조조정이 필요해질 수 있다. AI는 노무비 절감 효과를 분석해 구조조정을 효율적인 대안으로 제시할 수 있다. 그러나 이는 단기적 성과에는 도움이 되지만, 장기적으로는 직원의 사기 저하와 불안감으로 조직 전반의 생산성을 저해할 위험성이 있다. 리더는 AI의 분석을 참고하되, 사람 중심의 통찰과 균형 잡힌 판단을 더해야 한다.

투명한 커뮤니케이션과 신뢰 구축을 우선하는 리더

AI가 의사결정을 지원하는 상황이 많아질수록, 리더의 투명한 커뮤니케이션과 신뢰 형성은 더욱 중요해진다. 직원들은 AI가 도출한 결정을 무조건 따르지 않는다. 그 결정이 어떻게 도출되었고, 어떤 영향을 미치는지를 이해할 수 있어야 리더와 조직에 대한 신뢰가 형성된다.

필자가 처음으로 과課 단위 조직장으로 보임되었을 당시가 떠오른다. 비교적 빠른 보임으로 많은 축하를 받았지만, 동시에 '더 많은 성과를 내야 한다'는 압박감도 컸다. 조직을 성과 중심으로 운영하며, 과원들에게도 빠른 결과와 실적을 요구했다. '회사는 가족 공동체가 아니라 이윤을 창출하는 조직이다'라는 신념 아래, 효율성과 성과 중심의 리더십을 실천하고자 했다.

그러나 시간이 지나며 직원들과 신뢰의 고리가 약해지는 것을 느꼈고, 필자 자신도 번아웃을 경험하게 되었다. 목표도 중요하지만, 그 목표에 이르는 '과정' 역시 무시되어서는 안 된다. 신뢰가 없는 상황에서는 조직이 방향은 가질 수 있어도 지속 가능한 추진력은 약해질 수밖에 없다.

장기적인 관점에서 보면, 구성원들과의 신뢰 관계가 먼저 구축되어야 심리적 안전감이 형성되고, 그 안에서 협력과 혁신이 자연스럽게 이뤄질 수 있다. 실제로 신뢰도가 높은 조직은 업무 몰입도와 성과 모두에서 긍정적인 결과를 보인다.

신뢰가 없이는 기술의 효율성도 극대화될 수 없다. AI가 분석한 결과가 조직 내에서 실질적으로 작동하려면, 리더의 소통 방식과 신뢰 기반의 리더십이 전제되어야 한다. 신뢰가 형성된 조직에서는 AI가 제공하는 인사이트를 효과적으로 활용하고, 변화에 대한 저항을 최소화하며, 혁신적인 시도를 자연스럽게 받아들이는 문화가 만들어진다.

변화와 혁신을 주도하되, 최종 결정에 책임을 지는 리더

AI 시대, 변화와 혁신을 주도하는 리더는 단순히 새로운 시도를 장려하는 것을 넘어, 그로 인해 발생하는 최종 결과에 책임지는 자세를 가져야 한다.

급변하는 경영 환경에서 새로운 기술과 전략을 도입하는 일은 선택이 아닌 필수다. 하지만 조직이 변화에 적응하고 지속 가능한 성장을 이루기 위해서는 신중한 의사결정과 책임 있는 실행이 반드시 뒤따라야 한다. 혁신을 추진하는 과정에서 예상치 못한 문제나 실패가 발생할 수 있다. 이때 신뢰받는 리더는 실패를 회피하지 않고 조직의 학습 기회로 활용하며, 명확한 방향성을 제시하고 해결책을 함께 모색하는 역할을 수행해야 한다.

AI와 디지털 전환이 빠르게 진행되는 시대에는, 기술 중심의 변화가 조직의 핵심 가치와 조화를 이루도록 조율하는 리더십이 필요하다. 리더는 단기 성과에만 집중하기보다 장기적인 비전을 설정하고, 변화가 조직과 구성원에게 미치는 영향을 면밀히 분석하며, 지속 가능한 혁신을 추진해야 한다.

최종 의사결정을 내릴 때는 AI가 제공한 데이터와 분석 결과를 적극 활용하되, 그 위에 사람 중심의 가치와 윤리적 판단을 더해야 한다. AI는 '도구'이고, 책임은 언제나 인간에게 있다는 원칙을 잊지 말아야 한다.

만약 리더가 변화와 혁신을 주도하면서도 책임을 회피한다면, 조직 내 신뢰도와 변화 추진력은 약화될 수밖에 없다. 리더는 의사결정 과정을 구성원들과 공유하고, 성공과 실패의 책임을 분명히 인식하며, 조직 전체가 함께 성장할 수 있도록 방향을 조정하는 역할을 수행해야 한다.

성공적인 리더란 혁신을 이끄는 동시에 책임 있는 결정으로 조직의 지속 가능한 변화를 만들어가는 존재인 것이다.

AI를 리더십 도구로 활용하는 법

김대경

리더들에게 AI를 단순한 기술적 도구가 아니라 강력한 리더십 파트너로 활용하는 방법을 안내하고자 한다. 마치 현대판 마법사의 지팡이처럼, AI는 리더의 손길 아래 잠재된 가능성을 현실로 만든다. 삼성전자, 네이버, 카카오와 같은 거대기업부터 수많은 중소기업과 스타트업까지, AI 도입은 이제 선택이 아닌 필수가되었다. 특히 코로나19 팬데믹 이후 디지털 전환이 가속화되면서 AI는 기술적도전을 넘어 기업의 생존과 번영을 좌우하는 핵심 요소로 부상했다.

2023년 한 강연에서 소프트뱅크 손정의 회장은 "이제 임원을 채용해야 하는지의문이다. AI의 멀티 페르소나와 회의를 하며 경영전략과 투자에 인사이트를 얻고 있다"고 말한 바 있다. 이미 글로벌 리더들은 AI를 인간 임원과 견줄 정도로적극 활용하고 있다.

경영인이자 인적자원개발 전문가 관점에서 AI를 통해 리더십을 강화할 수 있는세 가지 활용법을 제안한다. ① 단순 업무 자동화, ② 의사결정 지원, ③ 혁신 창출이다. 이 세가지를 통해 AI는 두려워할 대상이 아닌, 함께 성장하는 리더십 파트너로 자리잡게 될 것이다.

1

단순 업무를 대신한다:
자동화와 효율성 향상

AI가 당신의 디지털 분신이 되었다고 상상해보라. 매일 아침 사무실에 출근하면, 메일함은 이미 정리되어 있고, 일정은 최적화되어 있으며, 루틴 보고서도 작성되어 있다. 마치 밤사이 요정들이 다녀간 듯한 이 놀라운 광경은 AI가 만들어낸 현실이다. AI가 반복적이고 시간을 소모하는 업무를 대신 처리함으로써, 당신이 진정으로 가치 있는 일에 몰입할 수 있도록 도와준다.

"시간은 돈이다. 하지만 AI가 절약해주는 시간은 더 큰 돈이다."

생성형 AI의 충격을 일으킨 오픈AI의 2024년 매출은 아직 20억 달러에 미치지 못했다. 반면, 실제로 AI를 업무에 접목하고 컨설팅하는 액센추어는 2023년부터 매년 약 10%씩 성장하고 있음에 주목하자. 이는 AI를 업무에 도입해 효율을 높이고 더 가치 있는 일에 시간을 쏟아 경영 성과로 이어진 결과다.

필자가 스타트업 CEO로 부임한 후 가장 먼저 사내 '피드feed'를 디지털화하여, 이를 비약적으로 늘리는데 역점을 두었다. '피드'란 메일, 메신저, 게시판 공지, 댓글뿐만 아니라 디지털스크린 판서까지 포함하여 소통이 이뤄지는 모든 기록을 의미한다. 전 임직원의 피드가 디지털화하고 빠르게 공유되자, 시행한 지 한 달도 되지 않아 전월 대비 3배가 넘는 피드가 생성되었다. 결재 처리시간 평균이 일단위에서 시간단위로 단축되는 성과도 있었다.

이를 바탕으로 회의록, 공지문, 행사 일정관리, 데이터 분석과 같은 일상 업무에 AI를 적용해 매주 업무 시간의 약 12%를 절약했다. 주당 5시간을 추가로 확보한 셈이다. 그렇게 절약한 시간은 고객, 투자자, 협력사를 만나는데 사용했다.

또한, 우량 고객에게 보내는 이메일, 메신저, 문서 작성 등에도 AI를 적극 활용하도록 했다. 그 결과, 공식 문서 작성, 해외 고객과의 소통, 법률적으로 민감한 사안을 신속하고 훌륭하게 처리할 수 있었다. 구성원들 역시 평소 공식 표현이나 사무적 한자어를 이해하고 사용하는 데 도움을 받았고, 중국 고객과의 국문·중문 계약서를 작성하고 체결할 때도 AI가 큰 도움이 되었다고 평했다.

동일한 작업이라도 AI 모델의 성능과 사용자환경UI에 따라 산출물의 품질이 달라질 수 있다. 어떤 업무가 자동화에 적합한지 판단하고, 최적의 AI 모델과 서비스를 선택해야 더 뛰어난 결과물을 얻을 수 있다. 이러한 일련의 전략적 판단과 선택은 리더의 안목에 달려있다. 그렇기에 리더는 AI 변화의 흐름에 더 능동적으로 올라타고, 지속적으로 학습해야 한다.

AI 자동화는 시간 절약을 넘어, 업무의 질을 획기적으로 향상시키는 혁신적 도구이다. 예를 들어 마케팅 분야에서 AI는 소셜 미디어 포스팅, 이메일 캠페인, 콘텐츠 생성 등을 자동화할 뿐만 아니라, 개인화된 고객 경험을 제공하는 데에도 크게 기여한다. 필자의 사용 경험을 바탕으로 아래 '자동화와 효율화를 위한 AI 서비스 활용 사례'에 단순 업무의 효율성을 높일 수 있는 AI 서비스를 정리했다.

[표1] 자동화와 효율화를 위한 AI 서비스 활용 사례

서비스명	자동화 업무	활용 사례	성과
ChatGPT (GPTs)	• 문서 작성 및 정리 • 데이터 입력 및 분류	• 영수증 OCR 자동 입력 및 분류 • 규격화한 문서 작성 및 인덱싱 관리	• 업무 속도 30% 이상 향상 • 인적 오류 감소
클로바노트, Daglo, Caret	• 회의록 작성 및 관리	• 회의 음성 인식 → 화자별 분류 및 요약 • 회의록 문서화 및 요약정리, 검색, 재생산	• 회의록 처리 시간 단축
Gmail × Gemini × App script	• 이메일 분류, 응답 • 업무 우선순위 지정 • 업무 일정 연동	• 이메일 내용 분석 → 자동 분류 및 업무 우선순위 지정 • 캘린더 자동 연동 → 업무 일정 등록	• 이메일 관리 시간 50% 이상 절감 • 일정 누락 감소
Claude (artifact)	• 고품질 문서 작성 • 시각화 자료 생성	• 보고서/논문 요약 • 유머·재치 있는 작문 • SVG 형식 구조화 및 시각화	• 문서 이해도 향상 • 읽기 시간 40% 단축
Goover	• 관심 주제 리서치 • 보고서 생성	• 관심 주제 기반 웹자료 조사 • A4 7~10매 분량 보고서 작성 • 이메일로 매일 보고서 수신	• 리서치 업무 효율화 • 최신 자료 수집 자동화

이처럼 다양한 AI 서비스를 전략적으로 활용함으로써 리더와 구성원 모두 더 많은 학습 시간과 여유를 확보할 수 있었고, 산출물의 품질을 높일 수 있었다. 그 결과 업무를 더욱 체계화하였고, 구성원들은 본연의 업무에 더 깊이 몰입할 수 있었다. 리더 역시 진정으로 가치 있는 일에 집중할 수 있었고, 이는 곧 조직 전체의 성과 향상으로 이어졌다.

2

현명하게 조언한다:
의사결정과 전략 수립

의사결정은 리더십의 본질이다. 그리고 좋은 의사결정의 핵심은 바로 '정보'다. 하지만 홍수처럼 쏟아지는 데이터 속에서 진짜 가치를 지닌 인사이트, 즉 '진주'를 찾아내는 일은 점점 더 어려워지고 있다. 바로 이 지점에서 AI는 리더에게 강력한 무기가 된다.

AI는 인간의 뇌로는 처리하기 어려운 방대한 데이터를 분석하고, 그 속에서 패턴과 추세를 찾아낸다. 이를 바탕으로 예측과 권장 사항을 제시하며, 리더의 판단을 돕는다. 스탠퍼드 대학 연구에 따르면, AI 기반 의사결정 시스템을 도입한 기업은 그렇지 않은 기업보다 23% 더 정확한 비즈니스 예측을 하며, 이는 직접적인 재무 성과로 이어진다.

필자는 국내의 한 교육 전문업체와 협력하여 팀기업가정신 진단 도구와 관련 교육 자료를 개발하는 프로젝트를 주도한 바 있다. 이 과정에서 다양한 AI도구를 사용하여 의사결정을 하는데 도움을 받았다. 교육과정 개발의 방향 설정, 마케팅 전략 수립, 교육 운영 계획을 위해 고객 니즈 조사, 자료 수집, 대안 개발, 의사 결정의 단계에서 AI의 도움은 결정적이었다.

몇 년 전이었다면 몇 주가 걸렸을 자료 조사도 며칠 만에 마무리할 수 있었고, 며칠이 걸렸을 진단 도구의 타당성과 신뢰성 검증을 위한 통계 분석 역시 몇 시간 만에 완료할 수 있었다. 잠재 고객군 분석과 마케팅 전략 수립도 불과 몇시간 만에 마무리했을 정도다. 의사결정과 전략 수립을 할 때 AI를 활용했던 사례를 아래에 표로 정리했다. 리더들이 현업의 문제해결과 미래의 불확실성을 뚫고 나갈 때, AI를 무기로 활용할 힌트를 얻길 바란다.

[표2] 의사결정과 전략수립을 위한 AI 서비스 활용 사례

서비스명	전략 관점	활용 사례	성과
ChatGPT (GPTs)	• 다양한 시각 확보	• 고객, 경쟁사, 전문가 등의 페르소나를 부여해 전략을 다각도로 평가 및 분석	• 전략 객관성 향상 • 잠재 리스크 조기 발견
NotebookLM	• 문서 기반 전략 수립	• 주제별 문서를 프로젝트 공간에 저장 후 AI가 내용 요약 • 마인드맵 및 영어 음성 설명 기능 지원	• 자료 이해도 향상 • 의사결정 정확도 개선 • 자료 분석 시간 단축
Perplexity	• 실시간 정보 기반 조사 • 팀 단위 기획 협업	• 실시간 트렌드 분석 및 정보 기반 자료 조사 • 팀 단위 조사 및 연구 업무 협업 (공간)	• 최신 정보 반영 • 기획 효율성 향상
Gemini (Thinking)	• 현실적 시나리오 개발 • 개인화 전략 개발	• 유튜브, 지도 등 다양한 소스 기반 맞춤형 전략 개발 • 심층 연구(씽킹), 맞춤형 자료 생성(개인화)	• 전략 실현 가능성 제고 • 최적 대안 도출 가능성 증가
Grok (Think)	• 창의적 아이디어 도출 • 혁신적 전략 지원	• 윤리적 제한 없이 복잡한 문제나 위기 상황에 대한 창의적·혁신적 아이디어 제시	• 창의적 문제해결 • 혁신적 사업모델 개발

2025년에 들어서며 AI 비서agent가 빠르게 보급되고 있으며, 각 서비스는 고유한 특성과 기능으로 진화하고 있다. 리더가 자신의 업무 방식과 의사결정 스타일에 가장 적합한 AI 서비스를 선별하고 조합하는 전략적 안목이 필요하다.

새로운 AI를 지속적으로 학습하고 실험적으로 사용해보자. AI를 학습하려는 노력 못지 않게 중요한 것은 실제 업무 성과로 연결되는 사례를 만들 때까지 시도하는 것이다. 목적이 명확할수록, 도구는 더 강력하게 작동한다. 목표에 부합하는 방향으로 끈기 있게 AI를 활용해야 한다.

AI를 활용할 때 가장 주목할 점은 '집단 지성'을 증폭하는 능력이다. 지금까지 현업에서는 목소리가 크거나 직위가 높은 사람의 의견이 지나치게 반영되곤 했다. 반면, 생성형 AI를 사용하면 모든 구성원이 아이디어를 동등하게 수집하고 분석할 수 있다. 정보 비대칭성을 완화하고 수평적으로 소통하면서 진정한 의미의 집단 지성이 실현된다.

물론 AI는 과거의 데이터를 바탕으로 학습하기 때문에, 전례 없는 상황이나 파괴적 혁신이 요구되는 경우에는 한계를 보일 수 있다. 이때 리더의 직관과 창의성이 필요하다. AI의 분석력과 인간의 통찰력을 조화롭게 융합하는 것이 바로 리더의 역할이다.

현명한 리더는 AI를 '마법의 수정구슬'이 아닌 '지혜로운 조언자'로 여긴다. 마치 체스 그랜드마스터가 AI의 분석을 참고하면서도 최종 결정은 자신의 직관과 경험을 바탕으로 내리는 것과 같은 이치다. 비즈니스 리더 역시 AI의 조언을 귀담아들으면서도 최종 판단은 인간의 영역으로 남겨두어야 한다.

3
·—·

새로운 기회를 만든다:
혁신과 새로운 가치 창출

혁신은 비즈니스 생존의 필수 요소이며, AI는 이제 그 혁신을 견인하는 핵심 동력이다. AI를 창의성의 적이라고 생각하는 것은 망치를 조각가의 적이라고 보는 것과 같다. 도구는 어떻게 쓰느냐에 따라 창조의 수단도 되고, 파괴의 수단도 된다.

IBM은 AI 창의 도구를 활용하는 팀이 그렇지 않은 팀보다 56% 더 많은 실행 가능한 혁신 아이디어를 도출한다고 밝혔다. 이는 AI가 인간의 창의성을 대체하는 것이 아니라, 증폭하고 확장시킨다는 점을 보여준다. 따라서 리더는 AI를 활용해 어떤 문제를 풀 것인가라는 질문 이전에, 혁신의 본질을 명확히 정의해야 한다.

혁신은 '아이디어로 수익을 창출하는 것'이다.

이는 투자하여 아이디어를 만드는 '발명'과 대치된다. 특히 경기 침체의 시기에는 혁신보다는 즉각적인 수익을 내는 '캐시카우'를 선호하기 쉽다. 하지만 혁신이야말로 장기적으로 사업을 지속 가능하게 만드는 원동력이다.

만약 10개의 비즈니스 포트폴리오를 유지하려면, 최소 30개의 수종 모델을 실험하고 개발해야 한다. 그중 일부만이 시장에서 살아남아 실제 수익을 창출하게 되기 때문이다.

필자는 스타트업 CEO이자 1인 기업가로서, AI를 지렛대 삼아 성과를 창출해왔다. 그 중 대표적인 경험은 아래와 같다.

- 신규 브랜드 로고, 시그니처 디자인 및 아이덴티티 정의
- 2024 CES 혁신상 출품용 앱 소개 영상과 이미지 생성
- 정부 지원사업과 민간기업의 공개입찰용 사업계획서 기획 및 작성
- 신규 비즈니스 구상 및 제안서 기획, 디자인, 작성

2025년 3월 기준, 리더가 혁신과 새로운 가치를 창출할 때 활용 가능한 AI 서비스를 아래 표에 정리하였다. 사용 목적에 부합하는 AI 서비스를 발견하길 바란다.

[표3] 혁신과 새로운 가치 창출을 위한 AI 서비스 활용 사례

서비스명	전략 관점	활용 사례	성과
ChatGPT (Deep Research)	• 심층 조사 • 아이디어 발굴	• 신규 시장 트렌드와 소비자 니즈 분석을 통해 신제품 아이디어 도출 • A4 10페이지 분량의 보고서 초안 작성	• 신사업 발굴 속도 향상 • 사업 계획 및 제안서 품질 제고
Google AI Studio	• 창의적 콘텐츠 • AI 서비스 개발	• 드라이브/유튜브/이미지/음성 분석 및 생성 • 멀티모달을 조합한 서비스 개발 • API 연동한 작업 매뉴얼, 교육용 자료 생성	• API 연동 교육 자료 생성 • AI 기반 자동화 서비스 프로토타입 제작

Grok (Deep Research)	• 실시간 정보 기반 조사 • 팀 단위 기획 협업	• 실시간 트렌드 분석 및 정보 기반 자료 조사 • 팀 단위 조사 및 연구 업무 협업 (공간)	• 최신 정보 반영 • 기획 효율성 향상
Google Labs ImageFX	• 프로토타입 제작 • 디자인 혁신	• 로고 디자인 및 다양한 시각화 사례 생성 • 서비스 프로토타입 및 목업 이미지 제작 • 테스트용 실제 상황 이미지 시나리오 제작	• 제품/서비스 시각화 • 시장 진입 기간 단축 • 고객 반응 예측력 향상
Felo(Agent)	• 자율 업무 수행 • 보고서 자동 생성	• 혁신 전략과 신사업 검토 등 기획부터 보고서 작성까지 AI가 자율적으로 수행 • 다양한 포맷의 결과물 제공(PPT/PDF/노션)	• 조사/기획 시간 단축 • 문서 작업 효율화

AI는 단순히 제품과 서비스를 개선하는 수준을 넘어, 비즈니스 모델 자체를 재발명하는 도구가 되고 있다. 기업들은 AI를 통해 '제품 판매'에서 '지속적인 서비스', '일회성 거래'에서 '구독 기반 관계', '표준화된 상품'에서 '초개인화된 경험'으로 비즈니스의 패러다임을 전환하고 있다.

AI와 협업하는 하이브리드 팀프러너

이제 AI를 조직의 구성원으로 수용하는 '하이브리드팀'이 꾸려지고 있다. AI를 포함하여 기술, 인재, 프로세스, 문화 등 조직의 모든 요소가 조화를 이루어야 혁신의 성과가 나온다. 리더는 이 요소들을 연결하고 조율하는 지휘자이자 설계자가 되어야 한다.

와튼스쿨에서 AI 활용전략을 가르치는 이선 몰릭Ethan Mollick은 그의 저서 '듀얼브레인Co-Intelligence: Living and Working with AI'에서 AI와 공존하는 네 가지 원칙을 제안한다.

- 항상 AI를 대화에 초대하라.Always invite AI to the table.
- 의사결정의 중심에 인간을 두어라.Be the human in the loop.
- AI를 사람처럼 대하되, 어떤 유형의 사람이 되어야 하는지 알려주어라.Treat AI like a person, but tell it what kind of person it is.
- 지금 사용하는 AI가 가장 낮은 수준의 AI다.This is the worst AI you will ever use.

몰릭은 AI를 사람, 창작자, 동료, 튜터, 코치 등 다양한 역할로 수용할 수 있다고 말한다. 중요한 건 어떤 시나리오와 관계 방식으로 AI를 조직에 도입할 것인지에 대한 리더의 철학이다.

스마트폰 없는 일상을 상상하기 어려운 것처럼, 이제 AI 없는 조직은 상상하기 어렵다. 그렇기에 리더는 AI를 가장 먼저 익히고, AI로 만들어 갈 미래의 비전을 제시하며, 구성원 모두가 AI 대전환에 동참하도록 이끌어야 한다. AI 시대의 리더는 AI를 적극 활용하려는 태도, 최적화가 필요한 현업을 선별하여 적용하는 실행력, 그리고 성과를 만들어 낸 활용 사례use case를 가져야 할 것이다.

일 잘하는 사람들은 마치 자신의 사업처럼 일한다. 비록 조직에 소속되어 있지만, 맡은 업무에서 스스로 성장하며 분명한 성과를 만들어낸다. 그 과정에서 자연스럽게 독립적인 사업을 영위할 기업가적 역량을 쌓아간다.

AI 시대의 리더는 더 적극적으로 기업가정신Entrepreneurship을 요구받는다. 기업가를 통칭하여 '앙트러프러너Entrepreneur', 혼자 일하는 기업가를 '솔로프러너Solo-preneur', 팀 단위로 일하는 기업가를 '팀프러너

Team-preneur'라고 부른다. 리더들은 스스로 어떤 유형의 기업가정신을 가지고 있으며, 현업에서 그것을 어떻게 실천하고 있는지 돌아봐야 한다.

2025년, AI 비서agent는 팀의 핵심 구성원으로 자리 잡게 될 것이다. 인간과 AI가 함께 협력하여 기하급수적 성장을 추구하는 '하이브리드 팀 프러너십'을 실현할 때가 왔다. 이제 AI 비서를 구성원으로 받아들여 '하이브리드 팀프러너'로서 시장에서 초격차를 만들어가는 진정한 AI 시대의 리더로 거듭나기를 기대한다.

효과적인 협업과 커뮤니케이션 전략

최준오

1

AI 시대에도 강조되는 협업의 필요성

"갈수록 어려워지는 경영환경 속에서 앞으로 기업의 경쟁우위는 조직 내부에 흩어져 있는 자원을 효과적으로 연결할 수 있는 협업Collaboration 역량이 될 것이다. 특히 협업은 그 속성상, 남이 쉽게 모방하기 힘들기 때문에 지속적인 경쟁 우위 요소가 될 것이다."

– 미국 UC 버클리대의 모튼 한센Morten Hansen 교수

협업은 오케스트라, 영화, 야구, 축구 등의 스포츠 등 여러 사람들이 모여 목표를 이루어 가는 집단에서 주로 쓰이는 단어이다. 최근에도 다양한 분야에서 최고의 성과를 위한 지속적인 협업의 필요성이 강조되고 있다.

조직 역시 마찬가지이다. 각 분야의 전문가들이 함께 팀을 이루고 조직의 성과를 위해 협업한다. 결국, 협업은 조직의 성과를 내기 위한 필수불가결한 요소인 것이다.

한때, 협력Cooperation의 중요성이 강조되기도 했는데, 굳이 협업Collaboration 과의 차이점을 말한다면, 협력이 각자 맡은 바 성과를 내는 부분 최적화를 의미한다면, 협업은 각자의 역할을 유기적 관점에서 연결하며 조직의 전체 최적화를 위해 성과를 창출하는 것이라 볼 수 있다. 즉, 일

하는 방식에 있어서 물리적 결합과 화학적 결합의 차이라 보면 될 것이다. 최근 AI 기술이 급격히 발전하면서, 회사 내에서의 일하는 방식도 크게 변화하고 있다. 이러한 변화 속에서 협업의 중요성은 더욱 커지고 있는 현실이다.

현재의 경영환경은 다양한 전문가와의 협업이 필수적인 상황이 되었다. AI 시스템의 개발과 활용에서 데이터 과학자, 엔지니어, 도메인 전문가 등이 함께 일해야 한다. 서로의 협업 없이 고품질의 AI 솔루션을 만들기는 어렵다. 그리고 AI는 각 산업별로 특유의 요구사항을 가지고 있다. 이러한 산업별 특성을 정확히 반영하기 위해서는 해당 산업의 전문가들과의 협업은 당연히 필수적이다.

또한 AI 기술이 복잡하고 다양해짐에 따라 구성원들 간의 지식과 경험을 공유하는 것이 중요해졌다. 한 사람이 모든 것을 이해하고 실행할 수 없으므로 협업은 필수적이다.

급변하는 환경에 유연하게 대응하려면 다양한 아이디어와 창의적인 해결책이 필요하다. 다양성의 관점에서 배경과 경험이 서로 다른 사람들이 모여야 진정한 혁신이 일어날 수 있다.

결론적으로, AI 시대에도 협업은 성공에 있어 필수적인 요소이다. 다양한 전문가들과의 협업을 통해 AI 기술을 활용하여 최고의 성과를 창출하고, 새로운 시대에 맞는 일하는 방식을 구축할 수 있을 것이다. 이를 통해 조직의 지속적인 성장과 발전을 가져오게 될 것이다.

2

협업을 통한
시너지 창출 방안과 문화 만들기

현대 조직에서의 협업은 필수적이지만 여러 사람이 함께 일한다고 해서 무조건 시너지가 생기는 것은 아니다. 즉, 1+1은 2를 훨씬 능가하는 결과값이 나와야 시너지라 말할 수 있는데, 이를 위한 협업이 효과적으로 이루어지기 위해서는 전략적인 접근이 필요하며, 조직 전체가 협업 문화를 내재화할 수 있도록 해야 한다.

1) 시너지 창출 방안

먼저 협업을 통한 시너지 창출 방안에 대해 리더의 관점에서 살펴보자.

목표 명확화와 공유

협업의 핵심은 모두가 같은 방향을 바라보는 것이다. 목표가 불분명하면 팀원들은 각자 다른 해석을 하게 되고, 협업이 아닌 개별적인 업무를 수행하게 된다. 이를 방지하려면 목표를 명확히 설정하고 모든 구성원이 이해하고 공감할 수 있도록 해야 한다.

SMART 목표 설정 방법을 통해 명확하게 설정하고, OKR Objectives and Key Results 등을 활용해서 구체적 협업의 방향성을 정하고 실행하는 것도 방법이다. 예를 들어, "고객 만족도를 향상시킨다"는 모호한 목표보다 "연말까지 고객 만족도 10% 향상을 위해 피드백 시스템을 개선한다"는 식으로 구체적 목표를 설정하면 협업이 가속화될 것이다.

역할과 책임의 명확화

조직 내에서 개인 역할이 모호하면 책임 소재의 불분명 및 업무 중복, 누락이 발생할 가능성이 높아진다. 역할과 책임을 명확히 하면 각자의 강점을 살릴 수 있을 뿐만 아니라 효율적인 업무 분장도 가능해진다. 이를 위해 방안으로 RACI 매트릭스를 하나의 방법론으로 활용할 수 있다. RACI는 역할을 네 가지로 구분하는 개념이다.

역할	의미
R(Responsible, 실행 담당자)	실제로 업무를 수행하는 사람
A(Accountable, 최종 책임자)	업무 결과에 대한 최종 책임을 지는 사람
C(Consulted, 자문자)	업무와 관련된 피드백을 제공하는 사람
I(Informed, 정보 공유 대상자)	업무 진행 상황을 공유받는 사람

이러한 프레임워크를 활용하면 역할의 명확화와 협업의 효율성이 증가하게 될 것이다.

다만, 역할과 책임을 정하는데 있어 무조건적인 지시보다는 함께 만들어 나가는 것이 중요하다.

커뮤니케이션과 피드백 활성화

협업의 성공여부는 커뮤니케이션에 달려 있다고 해도 과언이 아니다. 많은 조직 이 아직도 자유로운 의견 교환을 어려워한다. 그러다 보니, 많은 조직들이 커뮤니케이션을 강조하는 것이다. 효과적인 협업을 위해 서 는 정기적인 피드백과 열린 대화가 필요하다. 또한, 디지털 협업 도구 를 활용하여 커뮤니케이션 수준을 높이는데 활용할 수 있다. 예를 들어, Slack이나 Microsoft Teams 같은 툴을 통해 실시간 의견을 교환하고, Notion이나 Google Drive를 통해 자료 공유를 일상화하면 업무의 투명성이 높아진다. 또한, 정기적인 회의 또는 원온원 미팅 등을 통해 피드백을 주고받으면 문제를 빠르게 해결할 수 있다. 중요한 것은 단순한 정보 전달이 아니라 문제해결을 위한 쌍방향 커뮤니케이션이다.

집단지성 시스템 구축

효율적인 협업을 위해서는 구성원 간 역량의 상호보완이 필요하다. 비슷한 역할을 하는 사람들끼리만 모이면 시너지가 발생하기 어렵다. 다양한 직무와 경험이 함께 어우러질 때 협업의 효과는 극대화된다.

예를 들어, 신제품 개발에서 연구소, 마케팅팀, 생산팀, 영업팀 등이 함께 협업하면, 기술적인 측면뿐만 아니라 시장의 니즈까지 반영한 최적의 제품을 만들 수 있다. 갈등이 발생할 수도 있지만, 문제해결 과정에서 차별화된 아이디어가 탄생할 가능성이 높다.

데이터 기반 의사결정

협업이 감정이나 직관에 의존하면 비효율적 결과를 초래할 수 있다. 데이터 기반의 협업은 더욱 객관적인 의사결정을 내릴 수 있고, 협업의 성과를 명확하게 측정할 수 있다. 프로젝트 진행 상황을 데이터로 시각화하고 공유하면 구성원들이 업무의 우선순위와 진척도를 쉽게 이해할 수 있다. 또한, 협업의 효과를 분석하고 개선할 부분을 찾는 데에도 도움이 된다. KPI(Key Performance Indicator)에도 역시 반영하여 지속적으로 모니터링하며 피드백 하는 것이 중요하다.

2) 협업 문화의 지향

조직의 일하는 방식 측면에서 협업이 체질화되면 경쟁력을 가진 강한 조직이 될 것임은 자명한 사실이다. 우리가 지향해야 할 조직 차원에서 고민해야 할 협업의 모습은 다음과 같이 제시할 수 있다.

협업이 성공적으로 이루어지려면 신뢰와 존중의 문화가 갖춰져야 한다. 구성원들이 자유롭게 의견을 제시할 수 있어야 하며, 실수를 두려워하지 않는 환경이 조성되어야 한다. 이를 위해서는 리더의 역할이 중요하다. 리더가 직접 솔선수범하여 피드백을 수용하고 다양한 의견을 존중하는 태도를 보이면 조직 전체가 변할 수 있다.

협업을 장려하기 위해서는 협업 성과에 대한 보상이 필요하지만, 많은 조직이 여전히 개인 성과 중심의 평가 구조를 유지하고 있다. 하지만 협업이 중요한 환경에서는 팀 단위 평가와 보상이 병행되어야 한다. 전혀 새로운 고난도의 제도를 운영하는 것이 아닌 일하는 방식에 맞게끔 현실적으로 설계되어야 함을 의미한다.

예를 들어, 프로젝트 성과를 개인이 아닌 팀 단위로 평가하고, 협업 과정에서 적극적으로 기여한 사람에게 인센티브를 제공하면 자연스럽게 협업을 촉진할 수 있다.

또한 원활한 협업을 위해 이를 지원하는 환경은 필수적이다. 예를 들어 다음과 같은 인프라 확보를 고민해 봐야 한다.

- 업무 공간: 구성원들의 집단지성을 촉진하는 협업 공간
- 협업 툴: 업무 생산성을 높일 수 있는 AI 관련 및 프로젝트 관리 도구
- 원격 지원: 하이브리드 근무시 협업이 가능한 화상 회의 솔루션, 클라우드 환경

협업은 자연스럽게 이루어지는 것이 아니라 학습과 경험을 통해 발전하는 역량이다. 따라서 협업의 필요성과 효과성을 강조하는 교육과 워크숍이 필요하다. 예를 들어, 효과적인 커뮤니케이션 스킬, 갈등 해결 방법, 피드백 기술 등을 교육하면 협업의 질이 향상될 수 있다. 또한, 정기적인 팀 빌딩 활동을 통해 유대감을 강화하는 것도 중요하다.

3

시너지를 위한
리더의 커뮤니케이션 스킬

리더의 영향력을 직간접으로 느낄 수 있는 부분이 바로 커뮤니케이션이라 할 수 있다. 원활한 리더십을 발휘하는데 있어 커뮤니케이션이말로 가장 중요한 핵심 요인이라 볼 수 있다. 리더의 커뮤니케이션 스킬은 시너지 창출에 있어서도 당연히 핵심적인 역할을 한다. 앞에서 살펴보았듯이, 효과적인 커뮤니케이션은 신뢰와 존중을 바탕으로 한 협업 문화를 조성하고, 심리적 안전감을 제공하는 환경을 만들어 준다. 이를 통해 구성원들이 자유롭게 의견을 나누고, 실수를 두려워하지 않게 되는 것이다. 다양한 커뮤니케이션 방법이 있겠지만 대표적인 세 가지를 제시하고자 한다.

첫째, 리더는 조직 비전과 목표를 명확히 제시하고, 구성원들과 상시 공유해야 한다.

구성원들은 자신이 하는 일이 조직의 큰 그림 속에서 어떤 의미를 가지는지 이해하게 되면, 목표 달성을 위해 자발적으로 협력하고 몰입하게 된다.

둘째, 리더는 구성원들의 니즈를 파악하고, 다양한 관점을 존중해야 한다.

구성원들은 업무 수행에 있어 리더의 지시, 의사결정, 지원사항 등에 대해 다양한 니즈를 가지고 있다. 이러한 니즈를 리더가 제대로 충족시키게 되면 조직의 일원으로서 소속감을 더욱 강하게 느끼게 된다. 업무에 있어서도 적극적으로 참여하게 될 것이다. 또한, 리더는 구성원들의 성과 인정 및 격려하는 것을 잊지 말아야 한다. 작은 성과라도 인정받으면 구성원들의 동기부여가 높아지고, 이는 조직 전체의 성과창출로 이어진다.

셋째, 리더는 조직 내 중요한 정보와 의사결정을 투명하게 공유해야 한다.

커뮤니케이션이 투명하게 이루어지면 구성원들은 리더와 조직을 신뢰하게 되고, 이는 협업의 질을 높이는 데 기여한다. 물론 간헐적으로 발생할 수 있는 갈등은 피할 수 없는 요소이지만, 리더는 이를 효과적으로 관리할 수 있어야 한다. 갈등이 발생했을 때 문제를 직면하고, 공정하고 객관적으로 해결함으로써 조직의 통합을 지향해야 한다.

이와 같이 리더의 커뮤니케이션 스킬은 시너지를 창출하는 데 있어 중요한 역할을 한다. 리더의 역할이 단순히 지시하고 관리하는 것이 아니라, 구성원들과의 지속적인 상호작용을 통해 조직의 목표를 이끌어내는 데 있다는 점을 항상 염두에 두어야 할 것이다.

지속 가능한 성장을 이끄는 리더십

김택수

1

조직과 개인의 성장을 촉진하는 리더의 핵심 역할

과거 한 조직에서 다섯 명의 리더와 함께 일한 적이 있다. 하지만 안타깝게도, 그들 중 누구도 조직과 개인의 성장을 동시에 고려하며 리더십을 발휘한 사람은 없었다. 모두가 조직의 성과에 집중했고, 어찌 보면 당연한 일이었다. 리더는 결국 조직의 목표 달성을 책임지는 자리이기 때문이다.

그러나 진정한 리더는 단지 목표를 달성하는 것을 넘어서, 구성원의 잠재력을 이끌어내고 조직과 개인이 함께 성장할 수 있는 환경을 조성해야 한다. 이는 이상적으로 들릴 수 있지만, 조직의 방향을 설정하고 팀원들이 자신의 가능성을 펼칠 수 있도록 지원하는 것이 리더의 핵심 책무다. 결국, 리더십이란 사람을 이끄는 일이다. 그리고 리더가 만든 환경은 팀원들의 태도, 선택, 성과에 지대한 영향을 미친다.

리더는 단순히 지시를 내리는 존재가 아니라, 팀원들이 더 나은 판단과 행동을 하도록 돕는 '가능성의 설계자'다. 심지어 리더가 직접 개입하지 않더라도, 환경 자체만으로도 사람은 변화할 수 있다. 다음의 멘토링 경험은 환경 변화가 사람의 태도와 행동에 어떤 영향을 주는지를 보여주는 사례이다.

예전 조직에서 필자는 한 신입사원의 멘토를 맡았다. 열정적으로 그에게 내가 알고 있는 것, 배운 것, 경험한 것들을 아낌없이 전수했다. 그런데 예상과 달리 성과는 잘 나오지 않았고, 실수도 반복되었다.

"왜 이렇게 성과가 안 나지?" "분명 열심히 가르쳤는데, 왜 자꾸 실수가 많을까?"

조바심이 났다. 그러던 어느 날, 그 신입사원이 큰 실수를 저질렀다. 필자는 더는 그냥 넘어갈 수 없다고 판단하고 조목조목 피드백을 주기 시작했다.

"이 부분에서 실수가 난 원인이 뭐라고 생각해요?" "이렇게 하면 실수 안 할 수 있잖아요. 다음엔 어떻게 할 거예요?"

그런데 갑자기 그의 눈에서 눈물이 떨어졌다. 당황스러웠다. 감정을 상하게 하려는 의도는 아니었다. 문제는 그 장면을 팀 과장님이 우연히 목격했다는 점이었다.

그날 오후, 과장님이 조용히 나를 불렀다. "김 대리, 굳이 그렇게까지 피드백을 줄 필요가 있었나요? 신입사원이니까 실수를 할 수도 있죠. 김 대리가 도와주는 게 맞지 않나요?"

그 말을 듣는 순간, 머리를 한 대 얻어맞은 듯한 충격을 받았다. "나는 그저 도와주고 싶었을 뿐인데…" 하지만 과연 나는 진짜 도와주고 있었던 걸까?

시간이 흐르고, 필자는 조직을 떠났고 그 신입사원도 계속 성장했다. 어느 날, 우연히 커피를 마시며 오랜만에 이야기를 나눌 기회가 있었다. 그는 이제 교육팀의 팀장이 되어 있었다.

"대리님, 기억하시죠? 제가 신입사원 때 피드백 받다가 울었던 거요. 그땐 정말 서운했어요. 내가 그렇게 큰 실수를 했나 싶었고요. 그런데 지금 팀장이 되어 보니 그때 대리님의 마음이 조금은 이해돼요."

그 말을 듣고, 필자는 멘토링의 본질과 성장의 속도에 대해 다시 생각하게 되었다. 사람은 하루아침에 변하지 않는다. 성장은 시간과 경험, 그리고 적절한 환경을 필요로 한다.

이처럼 환경은 개인의 생각과 행동에 큰 영향을 준다. 일상 속에서도 우리는 환경에 의해 무의식적으로 행동하곤 한다. 여기서 '어포던스affor-dance'라는 개념을 간단히 살펴보자.

어포던스란 환경이 제공하는 가능성, 즉 특정 행동을 유도하거나 가능하게 하는 특성을 의미한다. 이 개념은 심리학자 제임스 깁슨James Gibson이 제안했으며, 오늘날 디자인과 행동과학에서도 중요하게 다뤄지고 있다.

예를 들어, 높은 책상을 보면 "여기 앉아서 일할 수 있겠다"는 생각이 드는 순간, 그 책상은 '앉을 수 있는 가능성'을 제공하게 된다. 이러한 가능성이 곧 어포던스이다. 결국, 환경이 특정 행동을 유도하고 촉진한다는 것이다.

리더는 이런 어포던스를 의도적으로 설계할 수 있는 사람이다. 구성원들이 자연스럽게 성장하고 협업하며 성과를 낼 수 있는 환경을 조성한다면, 그것이야말로 진정한 리더십의 구현이라 할 수 있다.

앞서 리더를 '가능성의 설계자'라고 언급했던 것을 기억하는가? 이번에는 어포던스Affordance 관점에서 조직과 개인의 성장을 촉진하는 리더

[그림] 어포던스(affordance) 사례, 고속도로 주행 유도선

파란색 유도선	주황색 유도선	초록색 유도선	분홍색 유도선
고속도로 하이패스 전용차로, 무리해서 끼어들기 금지	4.5톤 이상 화물차 하이패스 전용차로	휴게소, 졸음쉼터 등 고속도로 내 도로 시설 운행 방향 유도	갈림길이나 IC/JC 구간 운행 방향 유도

* 출처: www.facebook.com/100064427302764/posts/2336318419843543

의 핵심 역할에 대해 이야기해 보려 한다.

어포던스와 리더십: 사람을 이끄는 '가능성의 공간'

어포던스란 환경이 특정 행동을 유도하거나 가능하게 하는 특성을 의미한다. 이 개념은 심리학자 제임스 깁슨James Gibson에서 출발해, 현재는 디자인과 행동 과학뿐 아니라 리더십에서도 핵심 개념으로 활용된다.

이 관점에서 보면, 리더는 단순히 지시하는 사람이 아니라 '환경을 설계하는 사람', 즉 팀원들이 어떤 행동을 할 수 있을지를 결정짓는 가능성의 공간을 만드는 사람이다. 다시 말해, 리더가 조성하는 분위기와 관계, 일하는 방식 자체가 팀원들의 행동을 이끌어내는 강력한 영향력을 지닌다.

신뢰의 어포던스: 관계 속에서 행동을 유도하는 힘

리더십의 핵심은 '신뢰'이다. 신뢰는 구성원으로 하여금 자율적이고 창의적인 행동을 가능하게 하는 심리적 기반을 제공한다. 리더가 팀원에게 신뢰를 보내면, 그 순간부터 "내가 자유롭게 생각을 표현해도 괜찮다", "실패해도 괜찮다"는 어포던스가 작동하기 시작한다.

리더가 "실패해도 괜찮아, 중요한 건 시도야"라고 말하며 팀원들의 아이디어 제안을 장려한다면, 팀원은 '자기주도적인 행동'을 할 수 있다는 가능성을 느낀다. 그 가능성은 곧 행동으로 이어지고, 조직 내 심리적 안전감을 높이는 토대가 된다.

자율성의 어포던스: 리더가 제공하는 자유의 공간

'자율성'은 리더가 팀원에게 제공할 수 있는 가장 강력한 동기 부여 요소다. 팀원은 단순히 지시를 수행하는 존재가 아니라, '스스로 선택하고 결정할 수 있는 사람'으로 인정받을 때 몰입과 책임감이 커진다. 다만, 자율성은 무제한적인 자유가 아니다.

리더는 조직의 목표와 방향에 부합하는 범위 내에서, 팀원에게 명확한 기대와 충분한 재량권을 함께 제공해야 한다. 그럴 때 팀원은 "내가 원하는 방식으로 일할 수 있다"는 행동 가능성, 즉 어포던스를 체감하게 된다. 이러한 자율적 공간은 구성원으로 하여금 주도적이고 창의적인 선택을 유도하고, 조직 전체에 혁신과 변화의 에너지를 불어넣는 촉매가 된다.

리더는 단순한 관리자나 지시자가 아니다. 팀원들이 '어떻게 행동할 수 있는지'에 대한 가능성을 설계하는 존재이다. 조직의 분위기, 신뢰 관계, 자율성, 피드백 방식 등 모든 요소가 어포던스의 일부가 될 수 있다. 리더가 만드는 환경이 곧 팀원들의 행동을 결정짓는 힘을 가진다.

2
장기적 성장 관점을 반영한 코칭 리더십 실천 전략

"당신이 리더라면, 조직과 구성원을 어떻게 성장시킬 것인가?"

많은 리더가 '빠른 성과'에 집중한다. 그러나 진정한 리더십은 단기 성과가 아닌 장기 성장에 기반해야 한다. 급변하는 시대, 지속 가능한 발전을 위해 필요한 것은 명령과 통제가 아닌 '코칭 리더십'이다.

코칭 리더십은 구성원이 스스로 성장할 수 있도록 돕는 리더십이다. 정답을 알려주기보다 질문을 던지고, 사고를 확장하며, 자율적인 학습과 도전을 지원하는 방식이다. 그렇다면, 코칭 리더는 어떻게 조직과 개인의 성장을 이끌 수 있을까?

1) 조직의 비전과 개인의 목표를 연결하라

모든 사람이 각자의 방향으로 달리면 조직은 한 곳으로 나아갈 수 없다. 리더는 조직의 비전과 개인의 목표가 연결되도록 조율하는 역할을 해야 한다.

- "이 일을 왜 하는가?" → 목표의 의미를 구성원과 함께 정의하라.
- "당신의 강점은 무엇인가?" → 개인의 역량과 조직의 방향을 연결하라.
- "어떤 방식으로 기여하고 싶은가?" → 자발적 목표 설정을 유도하라.

이러한 질문을 통해 구성원은 자신의 역할을 명확히 인식하고, 장기적으로 성장할 수 있는 방향을 발견하게 된다.

2) 스스로 성장하는 법을 가르쳐라

코칭 리더십의 핵심은 '리더 없이도 성장하는 시스템'을 만드는 것이다. 답을 주는 대신 질문을 통해 스스로 답을 찾게 만드는 리더가 되어야 한다.

- 나쁜 예: "이 일은 이렇게 하면 돼."
- 좋은 예: "이 문제를 해결하려면 어떤 방법이 있을까?"

리더는 정답 제공자가 아니라, 학습의 기회를 제공하는 설계자여야 한다. 새로운 프로젝트에 도전하게 하고, 다양한 역할을 경험할 수 있도록 지원하라. 그 경험들이 구성원의 성장을 이끄는 원동력이 된다.

3) 관계 중심의 리더십을 구축하라

리더십은 지시가 아니라 관계에서 비롯된다. 코칭 리더는 신뢰를 바탕으로 관계를 형성하고, 구성원의 가능성과 잠재력을 끌어내는 사람이다.

- 정기적인 1:1 미팅으로 진심 어린 대화를 나눠라.
- 구성원의 고민과 목표에 귀 기울여라.
- 함께 성장하는 파트너로서의 태도를 견지하라.

좋은 관계 안에서 구성원은 더 적극적으로 배우고, 성장하며, 몰입할 수 있다.

코칭 리더가 되기 위한 5가지 실천 전략
- 조직의 비전과 개인의 목표를 연결하라
- 구성원이 스스로 학습할 수 있도록 도와라
- 피드백을 통해 성장을 촉진하라
- 실패를 두려워하지 않는 문화를 만들어라
- 관계 중심의 리더십을 실천하라

코칭 리더십은 미래형 리더십이다. 코칭 리더는 방향을 제시하되, 구성원이 스스로 성장할 수 있도록 돕는 리더이다. 단기적인 성과보다 장기적인 성장과 자율적 역량 개발을 이끄는 리더십이야말로, 조직과 개인이 함께 지속 가능한 성공을 이루는 길이다.

3
팀원 역량과 잠재력을 극대화하는
리더십 접근법

리더는 지시하는 사람이 아니라, 팀원의 가능성을 발견하고 성장하도록 돕는 사람이다. 어떤 팀은 구성원들이 자신의 능력을 100% 발휘해 놀라운 성과를 이끌어낸다. 반면, 유능한 인재가 있음에도 제자리 걸음을 반복하는 팀도 있다. 이 차이를 만드는 결정적 요인은 바로 팀원의 역량과 잠재력을 끌어내는 리더십이다.

진정한 리더는 "이 일을 하라"고 명령하는 사람이 아니라, "당신의 역량을 최대한 발휘할 수 있도록 돕겠다"고 말하는 사람이다. 그렇다면 팀원이 자신의 능력을 200% 발휘하게 만드는 리더십은 어떻게 실현될 수 있을까? 지금부터 팀원의 성장을 유도하는 다섯 가지 전략을 소개한다.

1) 팀원의 강점을 발견하고 연결하라

많은 리더가 팀원의 약점을 보완하려 하지만, 진정한 성장은 강점을 극대화할 때 일어난다. 리더는 각 팀원의 강점을 정확히 파악하고, 이를 조직의 목표와 효과적으로 연결해야 한다.

이를 위해 1:1 면담을 통해 팀원의 관심사와 역량을 파악하고, 해당 강점을 살릴 수 있는 업무에 배치하거나 역할을 재설계하는 것이 필요하다. 강점 기반의 역할 분담은 구성원에게 동기를 부여하고 몰입도를 높인다.

2) 도전과 성장을 위한 기회를 제공하라

팀원이 잠재력을 발휘하려면 도전할 기회가 필요하다. 리더는 적절한 난이도의 프로젝트나 새로운 역할을 부여해 팀원이 새로운 영역에 도전할 수 있도록 지원해야 한다.

이때 중요한 것은 실패를 성장의 기회로 전환하는 리더십이다. "왜 못했어?"가 아니라 "이번 경험에서 무엇을 배웠니?"라고 질문해야 한다. 작은 성공 경험이 반복될수록 팀원은 자신감을 얻게 된다.

3) 피드백은 평가가 아닌 성장의 도구다

피드백은 단순히 성과를 판단하는 수단이 아니라, 성장을 촉진하는 도구여야 한다. 효과적인 피드백은 구체적이고 미래 지향적이어야 하며, 팀원이 스스로 개선 방향을 찾을 수 있도록 돕는다.

"이번 발표에서 논리적 흐름이 좋아서 설득력이 있었다"처럼 긍정적 요소를 구체적으로 짚고, "이 부분을 보완하면 더 강력한 아이디어가 될 것 같아"처럼 향후 개선 방향을 제시해야 한다.

4) 심리적 안전감을 제공하라

창의성과 능동성은 심리적으로 안전한 환경에서 발휘된다. 리더가 실수에 대해 비난하는 문화를 만들면, 팀원은 도전을 회피하고 수동적인 태도를 보일 수밖에 없다.

실수를 학습의 기회로 받아들이는 조직 문화가 필요하다. 리더는 "이게 왜 안 됐어?" 대신 "다음 번에는 어떤 방법으로 하면 될까?"라고 물으며, 팀원이 자유롭게 의견을 표현할 수 있는 분위기를 조성해야 한다.

5) 리더는 조력자이지, 해답을 주는 사람이 아니다

리더는 모든 정답을 제공하는 존재가 아니라, 팀원이 스스로 해결책을 찾을 수 있도록 이끄는 조력자여야 한다. "이 문제를 어떻게 해결할 수 있을까?", "필요한 지원은 무엇이 있을까?"와 같은 질문을 통해 자율성과 책임감을 키워야 한다.

답을 알려주기보다, 사고를 유도하고 결정권을 위임하는 리더십이야말로 팀원 스스로 성장할 수 있는 기반이 된다.

AI 시대의 리더는 혼자 뛰는 사람이 아니라, 팀원의 잠재력을 함께 깨우는 사람이다. 강점을 발견하고 도전 기회를 제공하며, 성장 중심의 피드백과 심리적 안전감을 통해 팀원의 몰입을 이끌어야 한다. 그리고 팀원이 스스로 문제를 해결할 수 있도록 돕는 리더십을 실천해야 한다. 이러한 리더십은 팀의 역량을 극대화하고, 조직의 지속 가능한 성장을 이끄는 핵심 동력이 될 것이다.

AI 시대, 구성원의 몰입을
이끄는 리더십

이소민

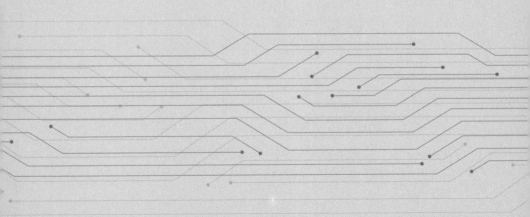

1

AI 시대, 구성원의 몰입도에 주목해야 하는 이유

AI 시대, 구성원의 몰입도에 주목해야 하는 이유

디지털 네이티브 세대가 조직의 주류로 떠오르면서, '직원 몰입도Em-ployee Engagement'는 기업 성과를 좌우하는 핵심 지표로 부상하고 있다.

'구성원 몰입'이란, '구성원 각자가 자신이 하는 일이 조직의 목표와 가치 실현에 기여하고 있다고 느끼며 자발적으로 몰입하는 상태'를 의미한다. 이는 단순한 업무 수행을 넘어, 조직과 정서적 연결감을 느끼며 '함께 성장하고 있다'는 감정을 포함한다.

몰입도와 경제적 성과의 상관관계

갤럽Gallup의 글로벌 직장 보고서에 따르면, 몰입도가 높은 조직은 그렇지 않은 조직에 비해 수익성은 23%, 생산성은 18%, 고객 만족도는 10% 더 높다. 또 다른 통계는 몰입이 높은 팀의 수익성이 21% 더 높다고 밝히고 있다. 이처럼 몰입도는 단순한 감정 상태를 넘어, 조직의 매출, 생산성, 고객 충성도에 직접적인 영향을 미치는 요소라 볼 수 있다.

딜로이트Deloitte의 연구 결과도 이를 뒷받침한다. 이 연구에 따르면, 직원 몰입도가 상위 25%에 속하는 기업들은 하위 25% 기업들보다 평균 2.5배 높은 매출 성장률을 달성했다. 이는 단순한 우연이 아닌 조직 역학의 결과다. 몰입도 높은 구성원은 자발적 노력을 더 많이 기울이며, 협업과 혁신 활동에서도 주도적인 역할을 수행한다.

몰입도와 인재 유지의 상관관계

높은 직원 몰입도는 이직률 감소에도 긍정적인 영향을 미친다. 사람인이 조사한 바에 따르면, 1,000개 기업 중 평균 조기 퇴사율은 84.7%에 달했고, 기업의 68.7%는 특히 MZ세대의 퇴사율이 높다고 응답했다. 이는 단순한 이탈이 아닌, 조직의 지식 손실과 비용 증가로 직결된다.

조직 한 명의 퇴사는 연봉의 최대 200%에 달하는 비용 손실을 유발할 수 있다. 여기에 채용, 온보딩, 학습, 생산성 공백 등까지 포함되면 조직의 리스크는 더욱 커진다. 그러나 몰입도가 높은 구성원은 회사를 떠날 확률이 무려 87% 낮다는 가트너Gartner의 조사 결과는 희망적인 대안을 제시한다.

몰입은 선택이 아닌 생존의 조건이다

디지털 네이티브 세대의 특성과 기대에 기반한 몰입 전략은 이제 기업의 '선택사항'이 아닌, '생존 전략'으로 간주되어야 한다. 이들의 몰입도를 높이기 위한 조직 문화 구축은 단순한 복지 제공이나 일회성 이벤트가 아니라, 일의 의미, 성장 기회, 신뢰 기반의 리더십, 수평적 커뮤니케이션 등이 복합적으로 작동하는 구조적 접근으로 연결되어야 한다.

직원 몰입은 조직의 생산성을 향상시키고, 인재 유출을 방지하며, 변화와 혁신을 주도할 수 있는 조직 체계를 만드는 핵심 축이다. 디지털 시대, 특히 AI 기반 조직 전환이 이루어지는 지금, 몰입도는 조직의 지속 가능성과 미래 경쟁력을 좌우하는 필수 요건이다.

2

몰입도를 높이는
조직 문화의 3가지 공식

1) 의미 중심의 조직 문화: 비전을 실행으로 연결하라

'몰입도가 높은 조직'은 단순히 '열심히 오래 일하는 조직'을 의미하지 않는다. 필자가 조직문화 개선 컨설팅을 진행하던 중 한 리더는 이렇게 말했다. "우리 팀은 야근도 잘하고 근태도 좋습니다. 아주 성실해요." 그러나 이 팀은 실제 몰입도 평가에서 낮은 점수를 받았다. 그는 '열심히 일한다'를 단순한 행위로 이해하고 있었던 것이다.

'진정한 몰입 상태'는 시간과 에너지를 무작정 투입만 하는 것이 아닌, '바람직한 결과를 위해 자원을 효과적으로 사용하는 상태'를 의미한다. 몰입도가 높은 조직에서는 구성원이 자신의 일에 의미를 부여하고, 자율적으로 목표를 설정하며, 조직의 비전과 방향성에 깊이 공감한다.

하버드 경영대학원 연구에 따르면, 업무의 목적과 의미를 명확히 인식한 직원은 생산성이 22% 높고 이직률이 32% 더 낮은 것으로 나타났다. 사이먼 사이넥Simon Sinek이 그의 저서 『Start With Why』에서 강조한 것과 같이, '왜Why' 하는가에 대한 명확한 인식과 공감이 형성될 때 진정한 몰입과 헌신이 이루어진다.

이러한 연구 결과들은 리더의 핵심 책무를 분명히 보여준다. 리더가 단순한 업무 지시를 넘어 구성원들에게 '왜 이 일을 하는지'에 대한 근본적인 목적과 가치를 명확히 전달하고 공감대를 형성할 때, 조직은 더 높은 생산성과 혁신, 그리고 지속가능한 성장을 이룰 수 있다.

글로벌 기업 파타고니아Patagonia는 직원의 개인적 가치와 조직의 환경 보호 미션을 연결해 몰입도를 높였고, 유니레버Unilever는 '지속 가능한 삶'이라는 비전을 통해 직원의 몰입과 브랜드 가치를 함께 끌어올렸다.

2) 성장 지향의 학습 문화: 실패를 학습의 기회로 전환하라

몰입은 심리적 안전감과 학습 기회가 보장된 환경에서 강화된다. 스탠포드 대학의 심리학자 캐롤 드웩Carol Dweck이 제시한 '성장형 마인드셋 Growth Mindset' 이론은 이러한 환경 조성의 중요성을 뒷받침한다. 이 이론에 따르면, 인간의 능력과 지능은 고정된 것이 아니라 노력과 학습을 통해 지속적으로 발전할 수 있다는 믿음이 성과 향상의 핵심이다. 이러한 관점을 조직 문화에 성공적으로 적용한 사례로, 마이크로소프트의 CEO 사티아 나델라를 들 수 있다. 그는 '아는 것 문화'에서 '배우는 것 문화'로의 전환을 이끌며, 자신부터 리더십 회의에서 실수와 그로부터 얻은 학습을 공유함으로써 조직 전체에 심리적 안전감과 지속적 성장의 가치를 확산시켰다.

조직은 실수나 실패를 처벌이 아닌 배움의 계기로 전환하는 문화를 조성해야 한다. 개인화된 성장 계획 수립, 멘토링 제도 운영, 성과 중심의 평가 체계 전환 등은 몰입을 유도하는 실천 방안이다. 넷플릭스는 'Mistake Net'이라는 포럼을 통해 실패 경험을 공유하고 이를 혁신 자산으로 전환하고 있다.

3) 자율성과 신뢰 기반의 문화: 주인의식을 자극하라

리드 호프만Reid Hoffman은 『얼라이언스The Alliance』에서 "자율성을 존중하는 조직이 더 창의적이고 몰입도가 높다"고 강조한다. 디지털 네이티브 세대는 시간과 장소보다 '결과와 영향력'을 중시하며, 자율성이 부여된 환경에서 몰입도가 극대화된다.

리더는 점진적인 권한 위임, 유연근무제, 프로젝트 기반 협업을 통해 자율성을 제공해야 한다. 자율성은 무조건적인 자유가 아니라, 신뢰를 바탕으로 한 자유이며, 명확한 기대와 책임이 수반될 때 가장 효과적으로 작동한다.

리더가 신뢰와 지지를 기반으로 자율성을 부여할 때, 구성원은 주인의식을 갖고 스스로 문제를 해결하려는 태도를 보이며 몰입도 역시 자연스럽게 높아진다.

몰입은 문화에서 시작된다. 몰입도 높은 조직 문화를 구축하는 일은 마라톤과 같은 여정이다. 하루아침에 완성되지 않으며, 일회성 이벤트로 달성할 수 있는 과제도 아니다. 성공적인 문화 구축을 위해서는 단기 성과에 집착하기보다 지속적이고 점진적인 변화를 추구해야 한다. 또한 이 과정에서 리더는 구성원의 반응과 피드백에 귀 기울이며 유연하게 대응해야 한다. 변화하는 환경과 구성원의 기대에 열린 태도로 대응할 때, 조직은 불확실성 속에서도 탄력적으로 적응하고 지속 가능한 성장을 이룰 수 있다.

의미 중심의 업무, 학습과 실패를 포용하는 문화, 자율성과 신뢰에 기반한 운영 방식은 AI 시대의 구성원 몰입을 자극하는 핵심 요인이다. 조직이 '왜 이 일을 하는가'를 중심으로 구성원과 대화할 때, 구성원은 자신의 역할을 자각하고 자발적으로 몰입하게 된다. 몰입은 결국 조직의 미래를 여는 열쇠라 할 수 있겠다. 구성원의 진정한 몰입은 단순한 업무 효율 향상 수단이 아닌 조직의 장기적 성공과 생존을 결정짓는 근본 동력이며, 특히 AI와 디지털 전환으로 불확실성이 가속화되는 시대에서 이러한 자발적 몰입은 조직이 시장 변화에 민첩하게 대응하고 지속가능한 혁신을 창출하는 가장 강력한 경쟁 우위의 원천이기 때문이다.

3

구성원의 몰입을 이끄는
리더의 3가지 실행 전략

구성원의 몰입을 극대화하기 위해서는 리더의 역할과 자세에도 주목할 필요가 있다. 아무리 훌륭한 조직 문화가 구축되어 있어도, 구성원들은 일상에서 리더의 언어, 행동, 의사결정 방식에 더 큰 영향을 받는다. 리더가 업무의 의미를 어떻게 설명하는지, 구성원의 기여를 어떻게 인식하는지, 피드백을 어떤 방식으로 제공하는지는 구성원의 심리적 경험을 결정짓는 요인이 된다.

단 한 번의 상호작용만으로도 구성원의 몰입을 높일 수 있고, 반대로 저해할 수도 있다. 따라서 리더는 구성원 몰입을 이끌어내는 '핵심 책임자'로서의 역할을 자각하고, 이를 실행에 옮겨야 한다.

하지만 몰입을 높이는 리더십은 결코 단순하지 않다. 특히 워라밸을 중시하고 자율성과 의미를 중시하는 디지털 네이티브 세대를 이끄는 리더에게는 더 복잡한 과제가 될 수 있다. 그렇다면, 구성원이 자신의 업무에 깊이 연결되어 의미를 느끼고 역량을 발휘하는 상태를 지속하도록 이끄는 리더는 어떤 실행 전략을 취해야 할까?

리더의 핵심 역할은 구성원이 최고의 역량을 발휘할 수 있는 환경을 조성하는 것이다. 이를 위해 필자는 'Plan-Do-See 프로세스'의 리더십 응용을 제안한다. 이 프로세스는 품질 관리와 지속적 개선을 위한 PDCA-Plan-Do-Check-Act* 사이클을 구성원 몰입 향상에 맞춰 변형한 구조이다.

PLAN: 함께 목표를 수립하고 의미를 부여한다. Plan 단계에서는 리더가 구성원과 함께 목표를 설정하고, 그 목표에 의미를 부여하는 과정이 필요하다. 이때 중요한 것은 리더가 일방적으로 목표를 정하는 것이 아니라, 구성원의 강점과 열정을 반영해 참여를 유도하는 것이다. 목표 수립 과정에 참여함으로써 구성원은 자율성과 주인의식을 느끼고, 이는 몰입의 출발점이 된다.

DO: 실행 과정에서 동행하고 성장 기회를 제공한다. Do 단계는 실행 과정의 지원이 핵심이다. 리더는 구성원이 업무를 수행하는 동안 방향을 잃지 않도록 돕고, 장애물을 제거하며 필요한 자원을 적시에 연결해주어야 한다. 과도한 간섭은 피하되, 언제든 도움을 요청할 수 있는 '접근 가능한 거리'를 유지해야 한다. 또한 실행 도중의 구체적인 피드백은 학습과 성장을 가속화시키는 촉매가 된다.

SEE: 결과를 함께 성찰하고 미래를 설계한다. See 단계는 단순한 성과 평가가 아니라 경험을 학습으로 전환하는 과정이다. 리더는 구성원과 함께 결과와 과정을 검토하고, 성취는 인정하며 개선의 방향을 모색해야 한

---

* 이 사이클의 최초 개발자 인 월터 슈하트Walter A. Shewhart의 아이디어를 윌리엄 에드워즈 데밍William Edwards Deming이 발전시켜 구축한, 개선 및 품질 관리 방법론이다.

다. 여기서 리더는 평가자가 아니라 '성장 촉진자'로서 구성원이 스스로를 성찰하고 다음 단계로 도약할 수 있도록 이끈다.

리더가 Plan-Do-See의 각 단계를 일관되게 실천할 때, 구성원은 목표에 주인의식을 가지고 참여하며, 도전 속에서 성장하고, 경험을 통해 스스로의 발전을 설계하게 된다. 이러한 몰입의 경험이 반복될수록, 구성원은 단순히 '일하는 사람'이 아닌 '함께 미래를 만들어가는 동반자'로서 자리매김하게 된다.

리더의 실행 전략 1 – Plan 단계:
"올바른 질문으로 몰입의 토대를 마련한다"

조직문화의 대가 에드거 샤인Edgar Schein은 그의 저서 『리더의 질문법 Humble Inquiry』에서 "21세기의 리더들은 혼자서 모든 답을 가질 수 없다"고 지적한다. 과거의 리더는 전문가로서 정답을 알려주는 역할이었지만, 오늘날의 리더는 구성원의 아이디어와 통찰을 이끌어내는 촉진자 역할을 수행해야 한다.

그가 강조한 '겸손한 질문'은 리더가 자신의 취약성을 드러내고, 구성원의 경험과 지식을 진심으로 알고 싶어하는 태도를 갖는 것에서 출발한다. 이는 단순히 정보를 얻기 위한 기술적 질문이 아니라, 상대에 대한 존중과 관계 형성을 바탕으로 한 접근이다.

몰입도를 높이는 질문의 예시를 다음과 같이 제시한다. 신규 업무나 프로젝트를 시작할 때, 다음과 같은 질문은 구성원의 주도성과 몰입을 유도하는 데 효과적이다.

- "이 프로젝트에서 당신이 가장 기여할 수 있는 부분은 무엇이라고 생각합니까?"
- "이 업무를 수행하면서 당신이 개인적으로 성장하고 싶은 부분은 무엇인가요?"
- "이 프로젝트가 당신의 장기적 커리어 목표와 어떻게 연결된다고 생각하나요?"

이러한 질문은 단순히 "이번 프로젝트를 맡아 줄래요?"와 같은, 결과적으로 지시의 뜻을 내포하는 '무늬만 질문'과는 근본적으로 다르다. 리더의 관심이 아니라 구성원의 관점과 성장에 집중한 질문은 자율성과 몰입을 끌어내는 힘이 있다.

에드거 샤인은 또 다른 저서 『리더의 돕는 법Helping』에서 "진정한 도움은 솔루션 제공이 아니라 상대의 상황과 필요를 깊이 이해하는 것에서 시작된다"고 강조했다. 이를 바탕으로 Plan 단계에서 리더가 실천할 수 있는 '도움 주기' 질문은 다음과 같다.

- "이 업무를 진행하는 데 어떤 장애물을 예상합니까?"
- "내가 어떻게 도우면 당신이 이 업무를 더 효과적으로 진행할 수 있을까요?"
- "어떤 자원이나 지원이 필요하신가요?"

질문이 몰입을 바꾼다

필자는 15년 전 비즈니스 코칭 대화법을 접한 이후, 팀원들에게 '호기심'을 바탕으로 질문하는 방식을 실천해 왔다. 연초 업무 계획 수립이나 신규 프로젝트 요청 시 다음과 같은 세 가지 질문을 일관되게 사용했다.

- "이 프로젝트에서 가장 중요하다고 생각하는 것은 무엇인가요?"
- "가장 우려되는 점은 무엇인가요?"
- "이 상황에 대해 어떻게 생각하나요?"

이 질문들은 단순한 대화를 넘어 팀원들이 업무에 대한 주인의식을 갖고, 스스로 의미를 발견하는 계기가 되었다. 또, 다양한 관점에서 문제를 재구성할 수 있었기에 미처 파악하지 못했던 사각지대를 발견하는 데 큰 도움이 되었다.

특히, 이 질문들은 1:1 면담에만 국한되지 않았다. 매년 초 팀별 목표 설정 시 워크숍을 열고 이 질문들을 중심으로 팀 전체가 토론을 진행했다. 그 결과 도출된 실행 원칙을 '올해의 그라운드 룰Ground Rule'로 명문화하고 전 구성원과 공유했다.

이러한 과정을 통해 자발적인 실행력이 강화되었고, 구성원들은 자신이 제안한 원칙을 실현하기 위해 더욱 몰입하여 일했다. 불만이나 불필요한 갈등도 자연스럽게 줄어들었다. Plan 단계에서의 올바른 질문은 구성원이 자신의 가치와 목표를 업무와 연결짓게 하며, 이는 곧 깊은 몰입의 출발점이 된다.

리더의 실행 전략 2 - Do 단계:
"올바른 피드백으로 실행 중 몰입을 촉진한다"

Do 단계에서 리더의 피드백은 구성원의 몰입도를 결정짓는 핵심 요인이다. 컨설팅업체 젠거포크Zenger Folkman가 직장인을 대상으로 실시한 피드백 관련 조사에 따르면, 응답자의 92%는 "전달 방식만 적절하다면 개선적 피드백이 성과 향상에 매우 도움이 된다"고 응답했다. 이는 피드백이 단순한 평가가 아닌, 성장을 위한 촉진 도구로 기능할 수 있음을 보여준다.

하지만 많은 리더에게 피드백은 여전히 부담스럽다. 잘 전달하지 못하면 '갑질'로 비춰질까 염려되고, 구성원이 위축될까 걱정되기 때문이다. 이러한 딜레마를 해결하기 위해 Center for Creative Leadership에서 개발한 S.B.I. 피드백 모델을 소개한다.

S.B.I. 피드백 모델의 S.B.I.는 각 단어 Situation-Behavior-Impact의 머리 글자에서 따온 것으로, 이 모델은 상황Situation, 행동Behavior, 영향Impact을 구체적으로 구분해 전달하는 방식이다. 불필요한 감정이 개입되지 않도록 하고, 구성원이 피드백을 방어적으로 받아들이지 않도록 돕는다.

- 긍정적 피드백 예시: "어제 고객 미팅에서상황, 복잡한 기술 내용을 쉽게 설명하고 질문에 명확히 답변해주신 점행동은 고객 신뢰 형성에 큰 도움이 되었습니다영향."
- 개선적 피드백 예시: "오늘 회의에상황 예상보다 많이 늦으셨습니다행동. 그로 인해 대화 시간이 줄어들고 중요한 논의가 충분히 이루어지

지 못했습니다_{영향}."

S.B.I.E.로 확장: 피드백 이후의 대화까지 설계하라

'Expectation_{기대사항/요청}'을 더한 S.B.I.E. 모델은 피드백을 전달하는 데서 끝나지 않고, 행동 개선과 몰입 촉진을 위한 대화를 확장한다.

- Situation: 발생한 구체적 상황 설명
- Behavior: 관찰된 행동 묘사
- Impact: 그 행동이 미친 영향 설명
- Expectation: 개선과 성장을 위한 질문 및 논의 유도

실제 적용 예시 S: "이번 주 고객 응대 과정 중," B: "OO 실수가 세 차례 반복되었습니다." I: "이로 인해 팀 실적 평가에 영향을 미치게 되었고, 개인 평가에도 반영될 예정입니다." E: "이 상황에 대해 설명하고 싶은 부분이 있으신가요? 어떤 방식으로 개선할 수 있을지 함께 고민해볼까요?"

몰입을 유도하는 질문법

- 자기 인식 유도: "지금 어떤 부분에서 어려움을 느끼고 있나요?"
- 대안 탐색 유도: "다른 방식으로 접근한다면 어떤 옵션이 있을까요?"
- 실행 계획 구체화: "다음 단계로 어떤 방법을 시도해볼 계획인가요?"

피드백은 단지 '잘했다, 못했다'를 말하는 것이 아니다. 신뢰와 성장의 기반 위에서 구성원이 스스로 더 나은 방향을 찾도록 돕는 것이다. 특히

리더가 질문 중심의 피드백을 실천하면, 구성원은 스스로 생각하고 행동하게 되며, 이는 곧 몰입의 깊이로 이어진다.

결국 리더는 질책이 아닌 '조력자'의 자세로, 피드백을 통해 구성원이 역량을 확장하고 업무에 몰입할 수 있는 환경을 만들어야 한다.

리더의 실행 전략 3 – See 단계:
"올바른 평가와 피드포워드로 성장을 촉진한다"

Plan-Do-See 프로세스에서 See 단계는 단순한 업무 마무리가 아닌, 학습과 성장의 핵심 기회로 기능한다. 이 단계에서 리더는 구성원이 업무 수행 결과를 성찰하고 다음 업무 수행을 위한 디딤돌로 활용할 수 있도록 적절히 성과 평가해야 한다. 바람직한 성과 평가는 다음 Plan 단계로의 자연스러운 전환을 가능케 한다. 이 과정이 없다면 새로운 계획은 과거의 성과와 학습에 기반하지 못하고 업무 간 분절을 초래할 수 있다.

성과 평가의 긍정적 효과에도 불구하고 리더들이 이를 어려워 하는 이유는 평가 그 자체에만 집중하기 때문이다. 과거의 잘잘못을 따지거나 수행 결과를 평가만 하는 것이 아닌, 수행 결과를 학습, 성장, 동기부여, 신뢰 구축으로 연결시켜주는 장치가 필요하다.

조 허시Joe Hirsch는 저서 『피드포워드Feedforward』에서 과거 행동에 대한 평가 중심의 '피드백'과 달리, 미래 성장에 초점을 맞춘 '피드포워드'의 중요성을 강조한다. 피드포워드는 "앞으로 어떻게 더 잘할 수 있을까?"에 초점을 맞추는 미래지향적 접근법이다. 글로벌 컨설팅 기업 액센츄어의 한 리더는 분기별 성과 리뷰를 '피드포워드 세션'으로 전환하고 과거 업적에 대한 평가보다 다음 분기의 성장 기회에 80%의 시간을 할애했다. 그 결과 팀원들의 피드백 수용도가 47% 증가했고, 구체적인 개선 행동으로 이어지는 비율이 62% 높아졌다고 한다.

피드포워드 대화는 어떤 방식으로 구성하면 좋을까? See 단계에서 리더가 실천할 수 있는 피드포워드 대화의 구조는 다음과 같다.

- 강점 확인: "이번 프로젝트에서 홍길동 님의 가장 큰 강점은 _____였다고 생각합니다."
- 기회 영역 제시: "다음에 더 발전시킬 수 있는 기회 영역은 _____라고 생각합니다."
- 구체적 제안: "다음 번에는 _____를 시도해보면 어떨까?"
- 지원 약속: "내가 도울 수 있는 부분은 _____입니다."

물론 이 대화의 과정에 Plan 단계를 통해 제시한 '겸손한 질문법'을 반드시 포함하여, 리더의 일방적인 의견 전달이 아닌 구성원의 의견 청취를 통한 정보 획득과 다음 목표 수립의 초석 마련에 초점을 맞춰야 한다. 단순한 성과 평가를 넘어, 구성원의 장기적 성장에 초점을 맞춘 대화를 하기 위해서이다. 성장 대화는 과거의 성과와 미래의 발전 가능성을 연결하는 역할을 한다.

성장 대화 시 응용하면 좋을 질문법의 프로세스는 다음과 같다.

- 성취 인정: "지난 기간 홍길동님이 이룬 가장 의미 있는 성과는 무엇이라고 생각하나요?"

- 학습 탐색: "이 과정에서 무엇을 배웠고, 그것이 앞으로 어떻게 도움이 될까요?"
- 성장 목표 설정: "다음 단계에서 홍길동 님이 발전시키고 싶은 역량은 무엇인가요?"
- 지원 계획 수립: "그 목표를 달성하기 위해 어떤 경험, 자원, 지원이 필요할까요?"

See 단계에서 구성원의 몰입을 강화하는 또 다른 중요한 요소는 대화 시 리더가 인정과 감사의 표현을 했는 지의 여부이다. 인정받는다는 느낌은 몰입의 강력한 동인이 된다. 이를 위해서는 Do 단계에서 제시한 S.B.I.E. 피드백 모델을 활용하되, 긍정적 피드백 방법을 응용해도 좋다. 긍정적 피드백 시에는 '구체적 인정'에 초점을 맞추는 것이 좋다. 가령, "이번 프로젝트에서 홍길동 님이 수행한 데이터 분석은 특히 인상적이었습니다. 복잡한 패턴을 명확히 파악해 의사결정에 큰 도움이 되었습니다."와 같은, 구체적인 근거를 제시해 긍정적 피드백의 근본 원인을 알게 하는 표현 방법을 택하는 것이다.

또한, 행위자의 '행위'가 미친 '영향' 서술 시에는, "홍길동 님의 그 행동은 우리 조직의 핵심 가치인 '고객 중심'을 완벽히 보여주었습니다."와 같이, 공동 목표를 행위자와 리더가 공유하는 가치와 연결하는 것도 효과적이다.

올바른 평가와 피드포워드는 구성원이 자신의 성장을 체감하고, 앞으로의 발전 가능성을 인식함으로써 장기적 몰입의 토대를 마련하는 좋은 도움 닫기 도구가 될 수 있다.

Plan-Do-See 프로세스에 기반한 세 가지 리더십 전략 '올바른 질문-효과적인 피드백-공정한 평가와 피드포워드'는 개별 적용하는 분절된 기법이 아닌 하나의 통합된 시스템으로 접근해야 한다. 이 세 요소가 리더의 일상 행동과 의사결정 과정에 일관되게 녹아들 때 구성원들의 몰입은 자연스럽게 극대화된다. 더 나아가 리더가 이러한 통합적 접근법을 지속적으로 실천하면 리더와 구성원 간 깊은 신뢰 관계가 형성되고, 조직 성과와 개인의 성장이 함께 실현되는 선순환 구조가 자리잡게 된다.

요컨대, 생성형 AI 시대의 리더는 이러한 세 가지 요소가 유기적으로 작동하는 일관된 리더십 환경을 구축하고, 이를 조직 문화의 근본적 DNA로 정착시키는 데 주목할 필요가 있다. 이러한 통합적 리더십 접근법은 조직과 개인의 성장이 조화롭게 이루어지는 지속 가능한 발전의 견고한 토대가 될 것이다.

조직의 비전을 명확히
설정하고 실행하는 방법

채명석

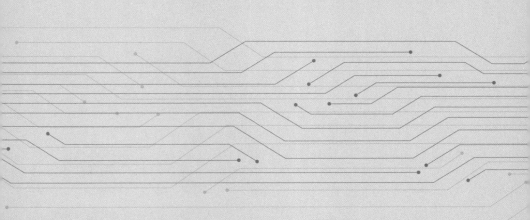

1

조직비전이 리더십에 중요한 이유

가족과 함께 떠난 필리핀 여행에서 필자는 한 가지 흥미로운 사실을 발견했다. 시티투어 중 하교 시간에 거리를 가득 메운 아이들을 보며, 한국과는 다른 활기찬 분위기가 인상 깊었다. 이 장면은 필자로 하여금 어린 시절 놀이터마다 아이들이 넘쳐났던 한국의 과거를 떠올리게 했다. 하지만 지금은 아이들을 놀이터에서 보기 힘들다. 학원 탓도 있지만, 아이들의 수 자체가 줄어든 것이 더 큰 원인이다.

필리핀 택시 기사에게 아이들이 동네에 많아 좋겠다고 하자, 그는 자신의 자녀가 3명인데 이는 필리핀에서는 적은 편이라며, 대부분의 가정에는 7~8명의 자녀가 있다고 했다. 재미있는 사실은 경제적으로 여유로운 가정일수록 자녀 수가 적고, 경제적으로 어려운 가정일수록 자녀 수가 많다는 점이다.

우리나라는 1960년 이후 눈부신 고도 성장을 이뤘다. 1인당 국민총소득GNI은 1963년 100불에서 2024년 36,000불까지 상승했다. 그러나 합계 출산율은 같은 기간 5.8에서 0.7로 급락했다. 대가족이 자연스럽던 시절에서, 이제는 두 명만 있어도 다자녀 가정이라 부를 정도로 핵가족 화가 빠르게 진행된 것이다.

핵가족Nuclear Family이라는 개념은 라틴어 'Nucleus핵심'에서 유래되었고, 이는 곧 개인주의로 이어진다. 네덜란드의 조직심리학자 길트 홉스테드Geert Hofstede는 『세계의 문화와 조직』에서 핵가족 환경에서 자란 사람은 자신을 '나' 중심으로 인식하게 된다고 말한다. 즉, 개인주의적 사고방식이 내면화된다는 것이다.

집단주의 사회는 '우리'라는 틀 안에서 사고하고, 개인주의 사회는 '나'라는 의미 안에서 사고한다. 우리 주변의 신입 사원이나 젊은 세대 구성원들을 떠올려보자. 이들이 상사와 소통하는 방식, 업무를 대하는 태도, 조직 내 기대하는 역할 등에서 큰 차이를 보이는 이유는 사회 구조의 패러다임이 집단에서 개인으로 급격히 이동하고 있기 때문이다.

팬데믹과 AI 기술의 발전은 이러한 흐름을 더욱 가속화하며, 사회를 초개인주의·초개인화의 방향으로 빠르게 이동시키고 있다. 반면 조직은 여전히 공동의 목표를 중심으로 구성원이 협력하여 성과를 창출해야 하는 집단주의적 구조를 갖고 있다. 이 간극을 어떻게 극복하느냐가 리더십의 핵심 도전 과제가 되는 것이다.

과거에는 리더가 사회적 성공의 상징이었다. 위에서 지시하면 아래에서 따랐고, 리더는 권한과 책임을 동시에 갖고 있었다. 그러나 지금은 리더의 권한는 약화되고, 책임만 커졌다. 구성원들은 리더의 말을 이전처럼 따르지 않고, 리더는 위아래 모두의 눈치를 보며 업무를 조율해야 하는 존재가 되었다.

이러한 환경에서, 리더는 어떻게 구성원과 소통하며 협업을 통해 시너지를 창출할 수 있을까? 답은 명확하다. 개인의 비전을 조직의 비전과 연결하는 것, 그것이 핵심이다. 개인의 시간, 자유, 도전, 전문성과 같은 가치를 존중하면서, 동시에 조직의 공동 목표에 공감하고 몰입할 수 있도록 이끄는 것이 리더의 역할이다.

조직의 비전은 단순한 슬로건이 아니라, 구성원에게 방향성과 에너지를 부여하는 본질적 원동력이다. 명확하게 정립된 비전은 구성원이 일의 의미를 이해하고, 자신의 성장과 조직의 성과가 일치한다는 확신을 갖게 만든다.

리더는 이제 단순한 지시자가 아니라, 비전의 설계자이며 연결자가 되어야 한다. 구성원 개개인의 장점이 조직 안에서 최대한 발휘되도록 연결하고, 몰입을 유도하며, 공동의 목표를 향해 함께 나아가야 한다. 이것이 바로 AI 시대, 초개인화 시대에 리더에게 새롭게 요구되는 리더십이다.

2
조직비전을 효과적으로 세우는 방법

조직비전을 효과적으로 수립하기 위해서는 먼저 그 구성요소를 명확히 이해해야 한다. 일반적으로 조직비전은 Why존재 이유, What지향 목표, How실행 방식의 세 가지 축으로 구성된다.

1) Why – 왜 존재하는가?

조직의 존재 이유에 대한 설명이다. 많은 기업들은 이를 '미션Mission'으로 표현한다. 예컨대 삼성전자의 경영철학은 '인재와 기술을 바탕으로 최고의 제품과 서비스를 창출해 인류 사회에 공헌한다'이다. 여기서 핵심은 '인류 사회에 공헌'이라는 존재 이유다.

과거에는 많은 기업들이 Why보다는 What, 즉 목표 달성에 집중했다. 이는 기업의 궁극적 목적이 주주의 이익 극대화에 맞춰져 있었기 때문이다. 그러나 현대 조직에서는 이해관계자의 범위가 넓어졌고, 사회적 책임이 강조되면서 Why의 중요성이 부각되었다. ESG환경·사회·지배구조 경영의 대두도 이 흐름을 반영한다.

2) What - 무엇이 되고 싶은가?

조직이 3년, 5년, 10년 후 어떤 모습으로 성장하고 싶은지를 구체적으로 서술하는 영역이다. 이는 대부분의 기업에서 '비전Vision'으로 정의되며, 조직의 미래상과 지향점을 담고 있다.

CJ그룹의 비전은 '건강, 즐거움, 편리를 창조하는 글로벌 생활문화기업'이다. 여기서 '건강', '즐거움', '편리'는 각각의 사업 영역을 상징하며, CJ그룹의 주요 계열사는 이 세 축에 기반해 경영활동을 하고 있다.

CJ제일제당은 '건강'을, CJ ENM은 '즐거움'을, CJ대한통운은 '편리'를 담당한다. 이러한 비전은 단순히 추상적인 목표가 아닌, 사업 전반에 통합된 전략 방향성을 제시하는 지표이다.

3) How - 어떻게 실행할 것인가?

조직이 정한 비전과 미션을 실현하기 위해 구성원 모두가 공유하고 실천해야 할 가치와 행동 원칙을 의미한다. 기업에 따라 '핵심가치Core Value', '행동규범Behavior', '일하는 방식Way of Working' 등으로 다양하게 표현된다.

우아한형제들의 '송파구에서 일을 더 잘하는 11가지 방법'은 일하는 방식을 구체적인 문장으로 정리한 대표 사례이다. 그 중 첫 번째 원 칙인 "12시 1분은 12시가 아니다"는 시간에 대한 엄격한 기준과 실행력을 상징적으로 보여준다. 이처럼 조직 특성을 반영한 언어는 구성원들의 행동을 자연스럽게 변화시키는 강력한 도구가 된다.

이러한 Why존재 이유, What지향 목표, How실행 방식의 3요소는 하나로 엮여 조직의 철학과 방향성을 담아내며, '조직비전', '경영철학', 'Way', 또는 '가치체계' 등 다양한 명칭으로 불린다.

비전 수립 방식: Top-down vs. Bottom-up

조직비전은 정립하는 방식에 따라 Top-down과 Bottom-up으로 나눌 수 있다. Top-down 방식은 최고경영자나 오너가 조직의 철학과 비전을 먼저 설정하고, 이를 전사에 전파하는 구조다. 대기업 및 그룹사에서 주로 사용되며, 삼성, LG, SK 등은 그룹 차원의 방향성을 바탕으로 계열사별 비전을 수립한다. 이 방식은 일관성과 명확성이 강점이지만, 구성원 참여가 부족하여 비전의 내재화와 실행력 면에서는 한계가 있을 수 있다.

Bottom-up 방식은 구성원이 직접 참여해 비전을 함께 만들어가는 구조다. 모든 임직원이 참여하는 워크숍을 통해 수립하거나, 부서별 대표 인원이 의견을 모으는 방식이 있다. 경우에 따라 외부 퍼실리테이터가 조직문화를 이해하고 정리하는 데 도움을 주기도 한다. 이 방식은 시간과 노력이 더 들어가지만, 구성원이 비전에 대한 소속감과 실행 동기를 자연스럽게 갖게 되는 장점이 있다.

조직비전은 슬로건이 아니라, 전략적 실행 도구다. 조직비전은 단지 외부에 보여주는 구호가 아니다. 그것은 조직의 존재 이유, 궁극적 목표, 실행 원칙을 통합하는 전략적 나침반이다.

리더는 조직비전을 명확하게 정의하고, 이를 구성원과 공유하며 함께 실천하는 과정을 설계해야 한다. 비전은 책상 위의 문장이 아니라, 구성원의 마음속에 살아 숨 쉬어야 한다.

많은 기업에서 여전히 비전은 전략기획 부서만의 몫이라고 여겨지거나, 팀 리더가 전파하는 일방적 구조에 머무르곤 한다. 그러나 이제 리더는 비전 설계자이자 실행 촉진자가 되어야 한다.

리더는 조직에 맞는 비전을 스스로 디자인하고 실행하며, 이를 통해 조직의 응집력과 실행력을 견인할 수 있어야 한다.

3

·——·

조직비전을 공유하고
실행력을 높이는 리더십 실천법

　조직비전을 조직 내에 효과적으로 공유하고 실행력을 높이기 위한 리더십 실천 전략은 세 가지로 요약할 수 있다.

　첫째, 조직비전을 실제로 수립해야 한다. 둘째, 비전에 따라 우선순위를 정하고 구성원 각각의 역할과 책임R&R: Role & Responsibility을 명확히 해야 한다. 셋째, 수립된 비전을 지속적으로 점검하고 피드백을 제공하여 실행력을 유지·강화해야 한다. 이 세 가지 전략을 구체적으로 살펴보자.

1) 조직비전 수립하기

　조직비전은 앞서 설명한 Why존재 이유, What지향 목표, How실행 방식의 세 가지 구성 요소를 바탕으로 수립된다. 효과적인 방법은 Bottom-up 방식이며, 워크숍 형태로 전 구성원이 참여하거나 핵심 인력을 중심으로 진행하는 것이 좋다.

　참여 인원이 20명 미만이라면 가급적 전원 참석을 권장한다. 상위 조직예: 사업부, 본부의 경우 현실적으로 전원 참여가 어렵기 때문에 리더 및 핵심 인력을 중심으로 워크숍을 진행한다. 조를 나눈 후, 조별로 논의한 내용을 전체와 공유하고 통합하는 방식으로 진행한다. 워크숍의 흐름은 다음과 같다.

- 상위 조직의 미션과 비전 공유: 회사 또는 그룹의 비전과 미션을 참고하여 우리 조직의 방향성을 이해한다.
- Why 도출미션 설정: "우리 조직이 존재해야 하는 이유는 무엇인가?", "우리 조직이 없다면 회사나 사회에 어떤 불편이 생길까?"를 중심으로 조별 토론을 진행하고 핵심 키워드를 문장화한다. 조별 발표 후 투표Voting 방식으로 대표 문장을 선정하고 수정·보완한다.
- What 도출비전 설정: "3년 후, 5년 후 우리 조직은 어떤 모습이길 원하는가?"라는 질문을 중심으로, 정성적·정량적 목표를 도출하고 대표 문장을 정리한다. 목표가 모두 달성된 미래 모습을 한 문장으로 정리하여 비전 문장으로 완성한다.
- How 도출핵심 가치 및 실행 원칙 설정: 비전과 미션을 기반으로 우리 조직의 핵심 가치, 행동 약속, 일하는 방식 등을 정리한다. 완벽한 정답을 추구하기보다는 초안을 설정한 후, 운영하며 점차 보완하는 방식을 추천한다.

모든 단계를 하루 안에 진행하기 어렵다면, 일정별 또는 주제별로 나누어 실행하는 것도 효과적인 접근이다.

2) 우선순위에 따라 R&R 정립하기

조직비전 수립 이후에는 각 구성원의 역할과 책임R&R을 조직의 방향성에 맞게 재조정하는 것이 필요하다. 특히 리더는 구성원과 1:1 대화를 통해 업무의 우선순위를 맞추는 것이 중요하다.

종종 구성원이 열심히 일했음에도 불구하고 리더의 기대와 어긋나는 경우는 우선순위 불일치 때문이다. 이를 해결하기 위해 포스트잇에 주요 업무를 작성하고, 서로 중요도를 비교하며 논의하는 방식이 효과적이다. 코칭 형태의 질문과 대화를 중심으로 접근하는 것이 핵심이다.

3) 지속적인 체크와 피드백

비전 실행의 지속성 확보는 리더의 역할이다. 아무리 훌륭한 비전이라도 리더가 지속적으로 점검하지 않으면 조직의 기억 속에서 잊혀지기 쉽다.

포스터, 슬로건, 브로셔 같은 시각적 도구도 도움이 되지만, 실행력을 높이기 위해서는 정기적인 피드백 루틴이 중요하다. 예를 들어, 주간 회의나 월간 회의 안건 중 '비전 실행 점검' 항목을 고정으로 설정하는 것이 좋다.

구성원 개별 면담, 소규모 미팅, 조직별 리더 회의 등 다양한 방식으로 실행 현황을 점검하고, 환경 변화에 맞춰 비전을 유연하게 보완해 나가야 한다.

비전 실행은 어렵고 복잡해 보이지만, 리더의 작은 시도에서 시작된다. 완벽하지 않아도 함께 참여하여 만든 비전은 구성원에게 큰 의미를 주며,

자연스럽게 실천으로 이어진다.

하루의 시간을 투자해 구성원들과 비전을 수립하고 실행 원칙을 정리해보라. 지금 당장은 작게 보일 수 있지만, 그 시도는 분명히 조직을 더 나은 방향으로 이끌어 줄 것이다.

리더의 성장을 통한
애자일 리더십 발휘하기

마은경

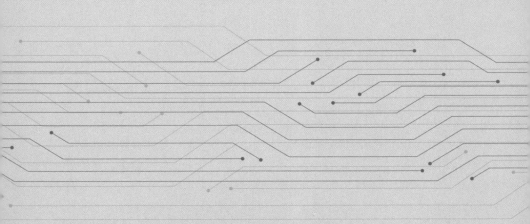

1

리더 자신의 변화관리

AI 시대, 리더는 기술이 제시하는 수많은 가능성 속에서 진정한 가치를 발견하고, 조직이 변화에 민첩하고 유연하게 대응할 수 있도록 이끌어야 한다. AI의 효율성과 인간의 창의성을 조화롭게 결합하며, 예상치 못한 변화조차 혁신의 기회로 전환하는 사고력이 필요하다. 하지만 급변하는 환경 속에서 조급함을 느끼는 리더는 오히려 조직의 변화를 저해할 수 있다.

리더가 변화하지 않으면 조직도 변화할 수 없다. 조직이 유연한 사고방식과 민첩한 실행력을 갖추기 위해서는 리더가 먼저 변화의 중심에 서야 한다. 하지만 AI 시대에서 많은 리더들이 속도와 성과에 대한 압박으로 조급함을 경험하고 있으며, 이는 애자일 리더십의 가장 큰 장애물이 될 수 있다.

리더 역시 인간으로서 변화에 대한 불안과 부담을 느낄 수 있다. 많은 리더들이 "내가 먼저 AI를 완벽하게 이해해야 하는가?"라는 부담감을 경험한다. 이를 극복하기 위해서는 자신이 모든 것을 알아야 한다는 압박에서 벗어나, '함께 배우는 과정'으로 접근하는 것이 중요하다. 주간 30분의 'AI 학습 시간'을 확보하거나, 팀 내 디지털 네이티브 세대와 역멘토링

reverse mentoring을 시도해보는 것도 효과적인 방법이다. 리더 자신의 심리적 안정이 조직 전체의 건강한 변화를 이끄는 시작점이다.

1) 조급한 리더와 조급해지는 리더

리더의 조급함은 본질적으로 '조급한 리더'와 '환경에 따라 조급해지는 리더'의 두 가지 유형으로 나눌 수 있다.

먼저, '조급한 리더'는 빠른 의사결정과 즉각적인 성과 창출에 몰두하는 성향을 가지고 있다. 이들은 충분한 논의나 실험 없이 성급하게 결정을 내리고 조직에 성과를 강요하는 경향이 있다. 성과에 대한 지나친 집착으로 인해 과정과 학습의 가치를 간과하며, 결과적으로 조직원들에게 과도한 부담을 주고 장기적 혁신과 지속가능한 성장을 방해한다. 특히, 조직원들의 퇴사나 부서 이탈이 잦다면 자신의 조급함을 점검해볼 필요가 있다. 최근 조직원들은 성장과 자기계발을 중시하는 경향이 강해지고 있어, 조급한 리더는 조직원들과 장기적이고 안정적인 관계를 유지하기 더욱 어려워지고 있다.

반면, '조급해지는 리더'는 본래 균형 잡힌 시각을 가지고 있지만, 환경의 변화나 외부 압박으로 인해 점차 불안과 조급함을 느끼는 경우다. 경쟁사의 AI 도입, 기술 발전의 가속화, 시장 변화 등의 요인으로 인해 리더들은 점점 더 큰 압박을 경험하게 된다. 많은 리더가 '우리 조직만 뒤처지는 것은 아닐까?'라는 불안감을 경험한다. 시장의 변화 속도가 빨라질수록, 리더는 새로운 기술과 방식을 신속하게 도입해야 한다는 부담을 느끼지만, 변화 속도를 따라잡는 것이 리더의 유일한 역할일까? 조급함이 오히려 조직에 부정적인 영향을 줄 수도 있다.

결국, 리더의 조급함을 극복하기 위해서는 자신의 조급함이 어디에서 비롯되는지 먼저 인식하는 것이 중요하다. 리더의 조급함은 주로 성과 압박, 통제력 상실에 대한 두려움, 불확실성을 견디지 못하는 심리적 불안에서 비롯된다. 자신의 조급함의 원인을 정확히 파악하고 이를 관리하는 것이 변화의 첫 단계이자, AI 시대를 이끄는 애자일 리더십의 핵심이다.

2) 새로운 역할을 인지하라

디지털 시대, 리더의 역할은 더 이상 단순한 목표 설정과 실행 관리에 그치지 않는다. 고정된 목표보다 변화하는 환경에 맞춰 방향을 지속적으로 조정하는 것이 더욱 중요해졌다. 애자일 리더는 조직의 방향성을 설정하고 조정하는 '조율자'로 자신의 역할을 수행해야 한다.

과거 필자는 미리 설정한 명확한 목표를 달성하기 위해 업무의 세부 과정까지 직접 관리하고 철저히 통제했다. 고객의 요구를 정확히 맞추려면 세부사항까지 직접 챙기는 것이 중요하다고 생각했기 때문이다. 하지만 이런 방식은 변화하는 환경에 유연하게 대응하지 못했고, 결과적으로 조직의 대응 속도를 늦추고 팀원들의 자율성과 성장을 제한했다. 이후 필자는 권한 위임과 자율성 부여가 목표 중심에서 방향성 중심의 사고로 전환하는 데 필수적임을 깨닫게 되었다.

이제 리더는 목표 중심에서 벗어나 방향성을 설정하고, 팀원들에게 충분한 자율성을 부여하며, 필요에 따라 방향을 조정하는 역할을 수행해야 한다. 조급한 리더일수록 조직의 모든 결정을 통제하려는 경향이 강하지만, 애자일 리더는 방향을 제시하되 실행 과정에서 유연하게 조정하며 팀이 자율적으로 성장할 수 있도록 돕는 역할을 수행해야 한다.

3) 실험을 장려하고, 실패의 경험을 경쟁력으로 만들어라

불확실성이 높은 시대에서는 완벽한 해결책을 찾기보다 빠르게 실험하고 과정에서 배우는 것이 중요하다. 그러나 조직을 책임지는 리더의 입장에서는 실패로 이어질 수 있는 '실험'을 허용하는 것은 상당한 부담과 압박으로 다가올 수 있다. 조급한 리더는 실패를 받아들이지 못하고, 조급해지는 리더는 실패 자체를 두려워한다. 두 유형 모두 결과적으로 조직의 학습과 혁신 문화를 저해하게 된다.

알파고 등장 이후 마이크로소프트는 통합 AI 비서 시스템 개발에 착수했다. 이 프로젝트는 실시간 교통 정보, 운전 중 이메일 읽어주기, 회의 요약, 파워포인트 디자인 제안 등 다양한 기능을 목표로 했으나, 당시의 기술적 한계로 인해 자연어 처리, 다중 작업 처리, 실시간 대용량 데이터 처리 등의 문제를 해결하지 못했고, 결국 초기 목표 달성에는 실패했다.

그러나 이 '실패'는 귀중한 자산이 되었다. 프로젝트에서 얻은 AI 윤리 가이드라인과 개인정보 보호 프레임워크 설정, 현실적인 기술 구현은 후속 개발의 토대가 되었고, 결국 마이크로소프트 코파일럿Copilot과 같은 성공적인 서비스로 이어졌다.

이 사례는 초기 실패를 두려워하지 않고, 체계적으로 학습하는 과정이 장기적 혁신으로 연결된다는 점을 보여준다. 국내 기업들도 AI 도입 초기 실패를 두려워하기보다, 작은 실험을 반복하며 학습하는 방식으로 접근해야 한다.

『패스트무버』의 저자 이재협은 "실패는 성공의 반대가 아니라, 성장을 위한 필연적 과정"이라고 강조하며 "실패를 학습의 기회로 만들기 위한 세 가지 원칙"을 제시했다.

① 충분한 사전 검토와 체계적인 준비를 통해 실험을 설계한다.
② 실행 과정에서의 기록과 분석을 통해 실패 원인을 객관적으로 평가하고 개선점을 도출한다.
③ 철저한 원인 분석을 통해 얻은 교훈을 다음 프로젝트에 체계적으로 적용한다.

리더는 실패를 개인의 책임으로 돌리지 말고, 조직이 실패에서 배우고 성장할 수 있도록 적극적으로 지원해야 한다. 실패를 두려워하지 않고 도전할 수 있는 조직문화가 AI 시대 혁신의 가장 강력한 경쟁력이 될 것이다.

2

조직의 민첩성을
성과로 바꾸는 3가지 전략

리더의 개인적인 성장이 조직의 성과로 이어지기 위해서는 체계적인 확장 과정이 필요하다. 단순히 리더가 새로운 지식을 습득하는 것을 넘어, 이를 조직 전체의 역량과 성과로 전환해야 한다. 이를 위해 다음과 같은 전략이 효과적이다.

1) 학습 커뮤니티를 구축한다

리더 혼자 성장하는 데는 한계가 있다. 조직이 함께 성장하려면 학습과 통찰을 공유하는 시간이 필요하다. 예를 들어, 조직 내에서 AI 활용사례를 공유하는 "AI 활용 노하우 모음집"을 함께 작성하고 축적하면서, 개별 학습을 조직 차원의 지적 자산으로 발전시키는 것이다.

구글독스나 노션과 같은 디지털 플랫폼을 활용해 학습 자료와 적용 사례를 축적하면, 조직 전체의 학습역량을 높이고, 반복적이고 단순한 업무에 소요되는 시간을 대폭 줄일 수 있다.

2) 전략으로 권한 위임을 실행하라

리더가 더 높은 수준의 전략적 사고와 혁신에 집중하려면, 팀원들에게 적절한 권한을 위임해야 한다. 이는 단순한 업무 분담이 아니라, 팀원의 성장 기회를 창출하는 전략적 위임이 필요하다.

예를 들어, 고객 피드백 관리 권한을 팀원에게 위임하여, 팀원이 고객 대응 프로세스 개선을 주도적으로 기획하고 실행하도록 하는 것이다. 이를 위해, 각자의 강점과 경험을 고려해 업무를 배분하고, 기대하는 결과와 의사결정 권한을 명확히 전달해야 한다.

또한 위임 이후에도 적절한 피드백과 지원을 통해 조직원들이 책임감을 갖고 자율적으로 움직일 수 있도록 유도해야 한다.

3) 성과연결 사이클을 운영한다

조직의 학습활동이 실질적인 성과창출로 연결되기 위해서는 학습 → 적용 → 측정 → 공유의 명확한 사이클을 정립하고 반복해야 한다.

예를 들어, ChatGPT를 활용한 데이터 분석 방법을 학습한 후, 실제 고객 데이터를 분석해 고객의 감정 패턴을 파악하고, 이 결과를 비즈니스 전략에 반영하는 것이다. 이후, 성과를 측정하고 결과를 팀 전체와 공유하며, 개선점을 찾는 과정까지 이어져야 한다.

이러한 체계적인 사이클을 통해 학습이 단순한 정보 축적을 넘어 실질적인 성과로 이어지는 구조를 만들 수 있다.

조급함 대신 민첩성을 선택한 리더는 AI 시대에도 지속가능한 성장과 혁신을 이끌 수 있다.

3

지속가능한 성장 모멘텀 유지하기

AI는 반복적이고 단순한 업무를 대신하며 우리에게 더 많은 시간을 제공한다. 현재 많은 조직들은 AI를 통해 업무 속도를 높이는 데 집중하고 있지만, AI가 제공하는 진정한 가치는 단순한 효율성 이상의 것이다. 이제 리더는 AI로 확보된 시간을 어떻게 의미있게 활용할지 전략적으로 고민해야 한다.

1) AI가 만든 시간을 어떻게 전략적으로 활용할 것인가?

AI가 문서 작성, 데이터 분석, 일정 관리 등 다양한 업무를 자동화하는 동안, 리더와 조직은 더 깊이 있는 업무에 집중할 수 있다. AI가 일상적인 이메일 대응이나 데이터 분석을 처리할 때, 리더는 직원과의 심층적인 소통이나 창의적인 비즈니스 전략 구상에 더 많은 시간을 할애할 수 있다.

그러나 AI가 절약해준 시간을 단순히 더 많은 업무 처리에 활용한다면, 혁신의 기회를 잃게 된다. 많은 조직들이 AI를 도입해 보고서 작성이나 데이터 분석 시간을 크게 줄였지만, 절약된 시간을 또 다른 반복적인 업무에 투입하면서 전략적 혁신의 기회를 놓치는 경우가 많다.

이제 AI로 확보된 시간은 단순한 효율성 극대화가 아니라, 더 깊은 사고와 창의적 문제해결, 인간 중심의 관계 구축과 같은 핵심적인 영역에 전략적으로 투자되어야 한다.

2) 속도보다 중요한 것은 방향: 시간의 전략적 재분배

AI는 업무 속도를 높여주지만, 방향을 결정하는 것은 결국 인간의 몫이다. 따라서 AI로 확보한 시간은 전략적으로 재분배 되어야 한다.

- 전략적 사고와 미래 가치 탐색: 리더는 AI가 일상 업무를 처리하는 동안 산업의 미래 트렌드와 장기적 전략에 집중해야 한다. 예를 들어, 제조기업들이 AI가 품질 관리 업무를 자동화한 이후, 절약된 시간을 친환경 생산방식 연구나 신사업 추진과 같은 장기적 가치 탐색에 투자하여 새로운 성장 기회를 창출할 수 있다.
- 깊은 인간관계와 신뢰 구축: 기술이 발전할수록 인간적 신뢰의 중요성은 더욱 커진다. 고객, 직원, 파트너와의 깊이있는 대화를 통해 신뢰를 강화하는 것이 필수적이다. 예를 들어, AI가 기본적 고객 응대를 처리하는 동안, 리더가 고객과의 전략적 소통에 더 집중한 기업은 고객 이탈률을 크게 줄였다.
- 실험과 학습 문화 조성: AI가 기존 업무를 자동화하는 동안, 조직 내에 새로운 아이디어를 자유롭게 시도하고 실패를 허용하는 환경을 조성해야 한다. 이는 단순한 일시적 프로젝트가 아니라 조직 문화로 정착되어야 한다.

리더는 AI가 제공한 여유를 활용하여 새로운 가능성을 탐색하고 창의적 사고를 강화해야 한다. AI가 데이터를 제공하면, 리더는 "이 데이터가 놓친 부분은 무엇인가?" "어떤 새로운 기회가 있을 수 있을까?"를 고민하며 보다 깊이 있는 전략적 사고를 할 수 있어야 한다.

3) 지속적 배움과 인간 중심의 가치를 강화하라

AI의 발전 속도는 너무 빨라서 어제 배운 기술이 내일은 낡을 수도 있다. 따라서 지속적인 학습과 실험이 필수적이다. 이를 위해 리더가 추진할 수 있는 구체적인 실천 전략은 다음과 같다.

- AI 리터러시 프로그램 운영: 모든 직원이 AI 기본 원리와 활용법을 이해하고, 단순한 기술 학습을 넘어 AI가 제시하는 가능성을 탐구하는 사고방식을 배양하도록 한다.
- 의도적 '느린 시간' 확보: 주기적으로 팀이 급한 업무에서 벗어나 장기적 가치와 혁신을 고민할 수 있는 시간을 확보한다. 구글의 '20% 시간', 3M의 '15% 문화'처럼 업무 외 창의적 탐색을 위한 시간이 필요하다.
- 의미 있는 성과지표 재정의: AI 도입 후 처리 속도와 비용 절감뿐 아니라, 확보된 시간이 얼마나 의미 있는 가치 창출로 이어졌는지 평가하는 새로운 성과 지표가 필요하다.

AI가 많은 업무를 대신할 수 있어도 사람 간의 관계와 신뢰는 대체할 수 없다. 단순히 효율성만을 강조하는 조직은 결국 인간의 창의성과 협력적 문화를 놓치게 된다. 리더는 AI가 제공한 시간을 인간 중심의 협력과 혁신을 위한 소중한 자원으로 활용해야 한다.

4) AI 시대, 기술보다 중요한 것은 리더의 사고방식이다

이제 AI 시대의 진정한 경쟁력은 기술 그 자체가 아니라, AI가 제공한 시간을 어떻게 활용하느냐에 달려있다. 모든 조직이 비슷한 AI 기술을 활용할 수 있는 시대에 경쟁력의 차이는 기술을 다루는 철학과 사고방식에서 비롯된다.

단기적인 효율성보다 지속가능한 성장과 혁신을 원한다면, 리더는 이제 '얼마나 빠르게 가는가?'보다 '올바른 방향으로 가고 있는가?'를 더 깊이 고민해야 한다.

AI가 준 시간을 전략적으로 활용할 때, 비로소 지속 가능한 성장을 이룰 수 있다.

AI 시대, 나는 리더

김기진

AI가 많은 것을 대신해주는 시대다. 데이터를 분석하고, 의사결정을 지원하며, 조직의 운영을 예측하는 일까지 인공지능이 맡는 세상이 도래했다. 이 변화 속에서 자연스럽게 이런 질문이 생긴다. "이제 리더는 정말 필요한 존재인가?" 하지만 그 답은 오히려 분명하다. AI는 정보를 분석할 수 있지만, 방향을 제시할 수는 없다.

AI는 판단을 도울 수 있지만, 진정한 결단을 대신하지는 못한다. AI는 논리를 계산하지만, 사람을 이해하지는 못한다. 리더는 여전히, 그리고 앞으로도 반드시 필요한 존재다.

이 책에 참여한 여러 저자들은 다양한 사례와 관점을 통해 공통된 하나의 목소리를 냈다. AI 시대, 리더는 이전과는 다른 기준과 역량을 갖춰야 한다. 이전처럼 명령하고 통제하는 방식은 더 이상 통하지 않는다. 이제 리더는 함께 질문하고, 함께 길을 찾고, 함께 성장하는 촉진자가 되어야 한다.

AI가 조직 곳곳에 도입되면서 리더의 역할도 달라지고 있다. 데이터 기반 의사결정, AI와의 협업, 그리고 감정과 윤리의 통합 등 과거에는 경험과 직관이 리더의 가장 큰 무기였다면, 오늘날에는 데이터를 읽는 힘, 기술을 다루는 역량, 그리고 인간다움을 지키는 용기가 요구된다.

그렇다면, 나는 지금 어떤 리더인가? 나는 AI를 두려워하는 리더인가, 아니면 AI를 활용하는 리더인가? 나는 여전히 권위와 통제에 기대는가, 아니면 공감과 신뢰로 조직을 이끄는가? 나는 과거의 성공 방식에 머무는가, 아니면 끊임없이 실험하고 진화하는가?

리더십은 질문에서 시작된다. 좋은 리더는 좋은 질문을 던질 줄 아는 사람이다. 그리고 지금 우리에게 필요한 질문은 이것이다.

"AI 시대, 나는 어떤 리더인가?"

이 질문은 단순한 자아 성찰이 아니다. 앞으로 조직이 어디로 갈지, 어떤 문화를 만들지, 어떤 성장을 이룰지가 이 질문에 달려 있다. 이제 우리는 AI와 함께 일하는 '슈퍼팀Super Team' 시대를 맞이하고 있다. 기술과 인간이 함께 협업하는 이 시대에, 리더는 그 중심에서 사람을 연결하고, 신뢰를 만들고, 실행을 견인하는 존재가 되어야 한다.

물론 변화는 두렵다. AI가 너무 빠르게 진화하고, 우리의 방식은 낡은 것처럼 느껴질 때도 있다. 하지만 중요한 건 기술을 두려워하는 것이 아니라, 기술에 무관심한 리더가 조직을 위협한다는 사실이다. 기술은 언제나 도구였고, 결국 사람이 사람을 성장시키는 일이 본질이다.

이 책에서 우리는 수많은 리더의 실제 경험과 전략, 성장의 여정을 함께 했다. 이제는 독자의 차례다. 오늘 나는 어떤 리더인가? 내일 나는 어떤 리더가 될 것인가?

AI 시대에도 리더십은 여전히 유효하다. 단지 방식이 바뀌었을 뿐이다. 이제는 리딩Leading이 아니라 퍼실리테이팅Facilitating의 시대다. 조직의 문제를 대신 해결하는 리더가 아니라, 팀원들이 스스로 해결하도록 돕는 촉진자가 되어야 한다.

결국, 리더는 질문을 던지는 사람이다. 질문을 멈추는 순간, 리더십도 멈춘다. 그래서 다시, 이 질문으로 돌아온다.

"AI 시대, 나는 리더인가?", "그리고 나는 어떤 리더로 남고 싶은가?" 당신만의 방식으로, 당신만의 리더십으로 재정의 해보자. AI 시대, 나는 리더. 그리고 당신도 리더다.